Lazarillo de Tormes

NEW EDITION

Lazarillo de Tormes

Adapted for intermediate students by

Marcel C. Andrade

Awarded the *Encomienda con Placa de la Orden Civil de Alfonso X el Sabio* by His Majesty King Juan Carlos I of Spain

Feldman Professor
University of North Carolina—Asheville

New York, New York   Columbus, Ohio   Chicago, Illinois   Peoria, Illinois   Woodland Hills, California

Cover art: Luigi Critone
Interior illustrations: Stewart Lees, SGA Illustration Agency, IP7 5AP, England

 Glencoe

The *McGraw·Hill* Companies

Send all inquiries to:
Glencoe/McGraw-Hill
8787 Orion Place
Columbus, OH 43240

ISBN : 0-658-00570-7
Printed in the United States of America
5 6 7 8 9 10 11 12 <u>069</u> 10 09 08 07 06 05

This edition honors Dr. Roy Riggs, Professor Emeritus of Literature and long-time Vice Chancellor of Academic Affairs at the University of North Carolina at Asheville during its formative years.

Contents

Tratado quinto—Lázaro sirve a un bulero

Tratado sexto—Lázaro sirve a un capellán

Tratado séptimo—Lazarillo sirve a un alguacil

Vocabulario

Introduction

Published in 1554, *Lazarillo de Tormes* represents Spain's first important contribution to the genre known as the picaresque novel—a series of humorous tales that recount the adventures of roguish lower-class heroes. The picaresque novel originated in Spain, and Spanish writers provided models for the rest of Europe as to what the picaresque style should be. Even though the actual author of *Lazarillo de Tormes* was unknown, the novel quickly became popular throughout Europe. It was soon translated into French (1561), Dutch (1579), English (1586), German (1617), Italian (1622), and, finally, into Latin (about 1623). Later masters of the picaresque style, such as Cervantes, Henry Fielding, Tobias Smollett, and Alain Lesage, learned and borrowed from this book.

Because of its anticlerical satire, the Holy Inquisition prohibited further printing of *Lazarillo de Tormes* in 1559. The novel was eventually placed on the Church's Index of forbidden books; nonetheless, Spaniards continued to read it in pirated editions printed abroad.

The character of Lazarillo has roots in the Spanish culture that predate the novel itself. Boys who earned their food and lodging by serving as guides for blind persons were common through Spain in the sixteenth century. The unknown author of the novel thus created one of the great characters of world literature out of what was a fairly ordinary figure in the Spain of his day. The impact of his characterization was such that *lazarillo* ultimately became the Spanish word for a youth who guides a blind man and more recently, the name of a seeing-eye dog.

The plot of the novel is divided into seven chapters, or *tratados*. Throughout the story, the main character, Lazarillo, becomes aware of the corrupt state of Spanish society as he serves a series of masters who represent important social types of the time. In rapid succession, he serves a blind man, a priest, a low-ranking aristocrat, a friar, a seller of indulgences, a chaplain, and a constable. In the end Lazarillo finds social and financial independence by settling down as a town crier in Toledo.

Each of Lazarillo's masters reveals to him different facets of the corruption that surrounds him. The blind man, for example, opens his young eyes to the cruelty of the world. The priest shows him both hypocrisy and miserliness. The *escudero*, or lesser nobleman, symbolizes the author's view of Spain itself: outwardly polished, but inwardly hollow. The friar and indulgence seller allow Lazarillo to observe those members of the clergy who were either libertines or frauds.

These and subsequent masters educate Lazarillo *and* the reader on the dismal state of Spanish mores. Despite these revelations, however, the tone of the novel never becomes scolding or preaching. Lazarillo observes the whole scene with a lighthearted, wry objectivity. Through Lazarillo, the author is able to hold up a mirror to Spanish society, and, without sermons, asks Spaniards to ponder their reflection.

As in most picaresque novels, the plot of *Lazarillo de Tormes* is episodic. Events in the novel are unified by the character of Lazarillo, who represents a departure from the medieval literary tradition of the virtuous knight-hero (El Cid, for example). Instead, Lazarillo is an antihero—devoid of noble virtues, driven by hunger to do whatever he must to survive. Nonetheless, the reader pities him for his misery and sympathizes with him for his kind heart. Even in his misery, Lazarillo is able to laugh at himself. He is astute and perceptive, intelligent, compassionate, and witty. In Lazarillo, the author has created a genuine representative of the poor as they existed in Spain and throughout Europe in the sixteenth century.

This edition of *Lazarillo de Tormes* has been specially adapted and abridged for intermediate students. Archaic language has been modernized and difficult constructions simplified. Nonetheless, every effort has been made to preserve the essence and humor of the original. This adaptation also reproduces all the key sections of the original novel, so that students miss none of the episodes that have amused and illuminated readers for centuries.

In this new edition, each of the seven *tratados* into which the work is divided is preceded by a prereading activity that will encourage students to use their prior knowledge and critical thinking skills to make their own special connection to the novel. And each short, manageable chapter within a *tratado* is followed by a variety of comprehension activities to ensure student understanding. Students will be asked some general objective questions based on what is going on in the chapter; they also might have to sequence events described in the chapter or decide if given statements are true or false, correcting the false information. There is also a *¿Qué opinas?* section that appears after every chapter and foments class-room discussion. The new, open design of this edition is more inviting to students, and the completely new illustrations are superb visual aids that will enhance their reading enjoyment. Each scene is thoroughly anno-tated; students will not be mystified by historical or obscure cultural ref-erences. To avoid looking up unfamiliar terms in a dictionary, difficult vocabulary is glossed at the foot of the page, and a general compilation of words can be found in the Spanish-English *Vocabulario* at the back of the book.

Prólogo

Yo pienso que aventuras famosas y tal vez nunca oídas° ni vistas,° deben llegar a oídos de mucha gente y no deben enterrarse en la sepultura del olvido. Puede ser que° el que las lea halle algo que le agrade. Y si no se busca el fondo,° tal vez estas aventuras lleguen a deleitar.° A este propósito Plinio° dijo que no hay libro, por malo que sea, que no tenga alguna cosa buena.[1]

Pocos escribirían libros si no se sacara fruto° de su lectura, porque la recompensa no es el dinero, sino su lectura, y, si merecen, su alabanza. Tulio° dijo: "La honra cría las artes".[2]

¿Tiene despecho° de vivir el primer soldado que escala° la muralla? No, tiene deseo de alabanza. Así en las artes y las letras es lo mismo. El escritor quiere alabanzas. Y no me pesará que haya lectores que lean con gusto mis fortunas, peligros y adversidades.

Le suplico a usted, mi lector, que reciba este pobre manuscrito, que sería más rico si yo tuviera más recursos.° Le relato extensamente para que se tenga la completa historia de mi persona. También relato para que los que heredaron° nobles estados se den cuenta° lo poco que se les debe. La fortuna fue parcial con ellos. Por otro lado, los que tuvieron la fortuna contraria, hicieron mucho más. Remaron° con fuerza y maña° y llegaron a buen puerto.°

---

oídas heard
vistas seen
Puede ser que Perhaps
fondo essence
deleitar to delight
Plinio Pliny the Younger
    (61–113 A.D.), Roman
    author

sacara fruto would benefit
Tulio Marcus Tullius
    Cicero (108–43 B.C.),
    Roman statesman, ora-
    tor, and author
despecho dejection

escala climbs
recursos resources
heredaron inherited
se den cuenta realize
Remaron They rowed
maña skill
puerto port

[1] Pliny the Younger, *Epistles*, Book 3, Epistle 5
[2] Cicero, *Tusculan Disputations*, Book 1, Disputation 2

Antes de leer: *Piensa en cómo sería la vida de un joven del siglo XVI. ¿En qué se parece a la tuya? ¿En qué se diferencia?*

TRATADO PRIMERO

Cuenta Lazarillo[1] su vida y quiénes fueron sus padres

Capítulo 1

Sus padres

Pues, sepa° usted mi lector[2] que mi nombre es Lázaro de Tormes, hijo de Tomé González y Antoña Pérez, nativos de Tejares, aldea° cerca de Salamanca.[3] Yo nací en el medio del río Tormes. Por esa razón me dieron ese sobrenombre, y fue de esta manera. Mi padre tenía a cargo un molino de harina en la ribera del río. Mi madre, estando una noche en la aceña,° me dio a luz° allí. Así es verdad cuando digo que nací en el río.[4]

Cuando yo tenía ocho años, mi padre hizo unas sangrías° mal hechas en los costales° de los clientes. Por eso lo pusieron preso y confesó, y no negó,[5] y fue encarcelado. En ese tiempo se hizo una armada contra los moros,[6] y mi padre fue como acemilero° de un caballero. Y con su señor, como leal criado,° perdió su vida.

---

sepa let it be known to you	**dio a luz** gave birth to	**acemilero** stable boy
aldea village	**sangrías** gashes	**leal criado** loyal servant
aceña flour mill	**costales** sacks	

[1] After the publication of *Lazarillo de Tormes*, *lazarillo* became the Spanish word for a boy who guides a blind man. Even today, blind beggars in Latin America are led by young boys. *Lazarillo* is also a common term for a seeing-eye dog. cf. Luke 16:19–25

[2] In the picaresque novel, it is a common device for the protagonist to recount his or her life in the first person.

[3] Capital of the autonomous region of Salamanca in northwestern Spain.

[4] The flour mills, called *aceñas*, were located in the middle of rivers.

[5] *Y confesó, y no negó.* cf. John 1:20

[6] This refers to a 1510 naval expedition led by García de Toledo. Millers and *acemileros* were often of Moorish origin.

Mi madre, viuda y sin abrigo,° me dio un padrastro° moreno° que se llamaba Zaide,[7] y un hermanito también negro, con quien yo jubaga y ayudaba a calentar.° Zaide era curador de bestias.° Quiso nuestra mala fortuna que pesquisas° encontraran a Zaide culpable de robar cebada, leña, mantas, sábanas y otros utensilios que mi madre usaba, o me hacía vender, para criar a mi hermanito.

Todo lo que digo, probó la justicia. Yo, como era niño, decía todo lo que veía, porque tenía miedo. Al pobre padrastro mío azotaron° y pringaron.°[8] A mi madre dieron cien azotes y ordenaron que no acogiese en su casa nunca más a Zaide.

Mi triste madre se esforzó por cumplir la sentencia y se fue a servir en un mesón.° Allí padeció mil molestias° y acabó de criar° a mi hermanito hasta que supo andar y a mí hasta ser un buen mozuelo.°

————— ⋆◆⋆ —————

Comprensión

A. Contesta las siguientes preguntas.

1. ¿Dónde nació Lazarillo?
2. ¿Qué hacía su padre?
3. ¿Qué pasó cuando Lazarillo tenía ocho años?
4. ¿Adónde fue su padre? ¿Qué le pasó?
5. ¿Quién era Zaide?
6. ¿Qué le pasó a Zaide? ¿Por qué?
7. ¿Qué le hicieron a la madre de Lazarillo?
8. ¿Adónde fue su madre?
9. ¿Por qué cuenta Lazarillo la historia de su vida?

---

abrigo protection
padrastro stepfather
moreno black
calentar warm up

curador de bestias animal keeper
pesquisas investigations
azotaron whipped
pringaron covered with grease

mesón inn
molestias annoyances
criar to rear
mozuelo lad

[7] *Zaide:* a common Moorish name coming from the Arabic, meaning "Lord." Lázaro's stepfather was a Moorish slave.

[8] In Salamanca, any Moor who committed a serious offense was to be whipped. He was then covered with boiling hot lard.

B. Indica si las siguientes oraciones son ciertas (C) o falsas (F). Corrige la información falsa y cita las palabras o frases del capítulo que apoyan la información.

1. El padre de Lazarillo murió en una guerra.
2. Lazarillo nació en un hospital de Salamanca.
3. El padre de Lazarillo fue arrestado por robo.
4. El padre de Lazarillo era un hombre honesto.
5. Lazarillo tiene el sobrenombre "de Tormes" porque ése era el nombre del barrio donde vivía.

C. ¿Qué opinas?

1. ¿Qué te parece la niñez de Lazarillo?
2. ¿Crees que las personas que pasan juventudes difíciles son capaces de superarse como adultos? Explica tu punto de vista.

Capítulo 2

Las lecciones del ciego

En ese tiempo vino al mesón un ciego, y mi madre me encomendó° a él rogándole que me tratara bien y que me cuidara porque yo era huérfano.*
El ciego respondió que así lo haría, y que me tendría no como mozo, sino como hijo.

Cuando mi amo determinó salir de Salamanca, yo me despedí de mi madre. Llorábamos ambos y ella dijo:

—Ya no te veré nunca más. Procura° ser bueno, y que Dios te guíe. Tienes un buen amo. Válete por ti.°

El ciego y yo salimos de Salamanca y en el puente donde está un gran toro de piedra, me dijo:

—Lázaro, pon la oreja contra ese toro y oirás un gran ruido.

Cuando sintió que yo lo había hecho, con su mano me dio una gran calabazada° contra el diablo del toro. El dolor del golpe me duró más de tres días. Entonces me dijo el ciego:

—Necio,° debes saber que el mozo del ciego debe ser más astuto que el diablo. —Se rió mucho de su truco.

En ese momento desperté de la simpleza de niño y me dije:

—Es verdad lo que dice el ciego, debo avivar° el ojo y ser astuto, porque soy solo.

Comenzamos nuestro camino entonces, y el ciego me enseñó la jerigonza° y me dijo:

—Ni oro ni plata te puedo dar, pero sí muchas enseñanzas para vivir.

Y así lo hizo. Siendo ciego me alumbró y adestró° en la carrera de vivir.°

---

me encomendó entrusted me	**calabazada** blow to the head	**jerigonza** thieves' slang
Procura Try	**Necio** Dunce	**adestró** guided
Válete por ti Take care of yourself	**avivar** sharpen	**carrera de vivir** ways of life

* In Spanish, the word *huérfano* (orphan) may refer to a child who has lost only one parent.

Comprensión

A. Contesta las siguientes preguntas.

1. ¿Quién vino al mesón?
2. ¿Qué le pidió la madre de Lazarillo al ciego?
3. ¿Cómo prometió tratarle el ciego a Lazarillo?
4. ¿Qué le dijo el ciego a Lazarillo en el puente?
5. ¿Qué le hizo el ciego luego?
6. ¿Qué aprendió Lazarillo de este incidente?
7. ¿Qué más le enseñó el ciego a Lazarillo?
8. ¿Qué le promete a Lazarillo el ciego?

B. ¿Qué opinas?

¿Crees que lo que le hizo el ciego a Lazarillo fue cruel? Explica tu punto de vista.

Capítulo 3

Las mañas del ciego y su avaricia

Sepa usted, mi lector, que el ciego tenía mil formas de sacar dinero a la gente. Era un águila en su oficio. Sabía cien oraciones° y las hacía retumbar° en las iglesias donde las rezaba con un tono bajo, reposado y muy sonable.° Su rostro era devoto y humilde sin gestos, como otros ciegos suelen hacer.° Vendía sus oraciones a mujeres para la fertilidad. Hacía pronósticos a otras que estaban encinta.° Hacía oraciones para el dolor de muelas, desmayos y enfermedades; finalmente, sabía curas para los males de amor. Por todo esto, mucha gente andaba detrás de él, y el ciego ganaba más en un mes que cien ciegos en un año.

Además, quiero que sepa usted, mi lector, que el ciego era avaro. Su avaricia era tan grande que me mataba de hambre. Sólo por mi ingenio pude sobrevivir, robando de lo mejor que tenía el ciego. Para esto le hacía trucos endiablados.° Así fue el caso del fardel.° Ponía el ciego el pan y todas las otras cosas en un fardel de lienzo que cerraba con una argolla° de hierro y un candado. Cuando metía y sacaba las cosas del fardel, lo hacía con la mayor vigilancia del mundo. Después lo cerraba y se descuidaba. Yo descosía° un lado del fardel y lo volvía a coser, extrayendo grandes pedazos de pan, torreznos° y longaniza.° Así yo satisfacía mi hambre.

El dinero que yo robaba al ciego lo cambiaba a medias blancas.* Cuando daban una blanca por sus oraciones, yo la metía rápidamente en mi boca y la cambiaba por una media. Por ligero que el ciego la cogía, ya estaba cambiada a la mitad de su precio. El ciego se quejaba:

—¿Qué diablos es esto? Desde que estás tú conmigo sólo me dan medias blancas. Antes me daban blancas y hasta maravedís. En ti debe estar esta desdicha.

Este problema nunca fue resuelto por el ciego.

———— ◦•◦•◦ ————

oraciones prayers	**suelen hacer** are accustomed to do	**argolla** ring
retumbar echo		**descosía** unstitched
sonable sonorous	**encinta** pregnant	**torreznos** bacon
	endiablados devilish	**longaniza** sausage
	fardel knapsack	

* The *blanca* was a coin made of silver and copper. In 1497, by order of King Ferdinand and Queen Isabella, the value of the *blanca* was equal to one-half *maravedí*. The *maravedí* was a coin that was fixed at different values, depending on the reigning monarch of the time.

. . . yo la metía rápidamente en mi boca y la cambiaba por una media.

Comprensión

A. Contesta las siguientes preguntas.

1. ¿Qué hacía el ciego para ganar dinero? ¿Lo ganaba honestamente?
2. ¿Cómo logró engañar a la gente?
3. ¿Por qué pasaba tanta hambre Lazarillo?
4. ¿Qué hizo Lazarillo con el fardel para engañar al ciego? ¿Cuál fue el motivo?
5. ¿Cómo engañó Lazarillo al ciego en cuanto a las blancas?
6. ¿Logró el ciego descubrir a Lazarillo en su trampa?

B. ¿Qué opinas?

¿Crees que hay mucha gente engañosa como el ciego hoy en día que saca provecho de la credulidad y buena fe de los demás? ¿Quiénes son? Comparte tus ideas con tus compañeros de clase.

Capítulo 4

Los episodios del jarro de vino y las uvas

El ciego bebía vino en un jarro° cuando comíamos. Yo, muy presto,° le daba al jarro un par de besos callados° y lo devolvía a su lugar. El ciego notó que el vino desaparecía. Optó° luego por tenerlo en su mano cuando comía. Entonces usé una paja° larga de centeno° para chupar el vino. El astuto ciego me sintió. Desde entonces puso el jarro entre sus piernas cuando comíamos. Yo, como moría por° el vino y estaba tan acostumbrado a él, decidí hacer un agujero en el fondo del jarro. El agujero era muy pequeño y yo lo tapaba con cera.° A la hora de comer, fingiendo tener frío, me metía° entre las piernas del astuto ciego. La cera, con el calor de la lumbre, se derretía° y la fuentecilla° de vino me caía en la boca, sin perder una gota. El ciego maldecía° y daba al diablo el jarro y el vino, no sabiendo qué podía ser. Examinó y dio tantas vueltas al jarro que finalmente dio con° el hueco. Disimuló° como si no lo hubiera sentido y no dijo nada.

Pasó el tiempo, y un día cuando estaba yo tendido debajo de las piernas del ciego disfrutando° del vino, sin sospechar ningún peligro, con la cara al cielo y los ojos medio cerrados, el ciego descargó un golpe, con todo su poder, sobre mi cara. Recibí tal golpe con el jarro que se me hirió° la cara y se rompieron mis dientes. Luego el ciego, sonriendo, me lavó con vino las heridas y dijo:

—¿Qué te parece, Lázaro? Lo que te enfermó, te sana.

Desde ese momento quise mal° al ciego. El ciego contaba a la gente mis aventuras. Ellos respondían:

—¡Quién pensara que un chico pudiera ser tan ruin! ¡Castígale!° ¡Castígale!

---

jarro clay cup	**centeno** rye	**dio con** found
presto quick	**moría por** loved	**Disimuló** Concealed his
besos callados silent kisses	**cera** wax	intentions
(*in other words, furtive*	**me metía** I placed myself	**disfrutando** enjoying
sips)	**derretía** melted	**hirió** wounded
Optó He chose	**fuentecilla** small fountain	**quise mal** I hated
paja straw	**maldecía** cursed	**Castígale** Punish him

Por esta razón, y como desquite,° yo le llevé al ciego por los peores caminos, por las piedras y por el lodo. Él se vengaba pegándome con su bastón. Así continuó nuestra vida hasta que salimos de Salamanca para Toledo.

Cuando llegamos a Almoroz,[1] cosechaban allí las uvas. Le dieron al ciego dos racimos de limosna. Dijo el ciego:

—Lázaro, quiero ser generoso contigo hoy. Compartiremos estas uvas igualmente. Tú picarás° una vez y yo otra, hasta que acabemos, y así no habrá engaño.°

Así concertado, comenzamos, mas el traidor ciego comenzó a picar de dos en dos. Yo piqué entonces de tres en tres hasta que acabamos. Dijo entonces el ciego:

—Lázaro, ¡tú me has engañado!

—¿Por qué sospechas eso? —le pregunté. Dijo entonces el astuto ciego:

—Porque yo picaba de dos en dos y tú callabas.

Me reí entre mí notando la inteligencia del ciego. Salimos entonces hacia otro pueblito llamado Escalona.[2]

Comprensión

A. Contesta las siguientes preguntas.

1. ¿Qué hacía Lazarillo con el vino del ciego?
2. ¿Qué hizo Lazarillo al jarro?
3. ¿Cómo reaccionaba el ciego?
4. ¿Qué daños sufrió Lazarillo?
5. ¿Qué hacía Lazarillo como desquite?
6. ¿Qué dijo el ciego en Almoroz? ¿Qué hizo?
7. ¿Qué hizo entonces Lazarillo?
8. ¿Cómo mostró su inteligencia el ciego?

---

desquite retaliation   **picarás** will pick   **engaño** deceit

[1] *Almoroz:* a village in the northwestern part of the autonomous region of Toledo. The town is famous for its grapes. The villages mentioned after Salamanca—Almoroz, Torrijos, Escalona, and Maqueda—were all on the road from Salamanca to Toledo.

[2] *Escalona:* a town in the region of Toledo

B. Pon en orden cronológico (1–12) los siguientes acontecimientos del capítulo.

___ Lazarillo tomaba vino sin que lo supiera el ciego.

___ El ciego le pegó a Lazarillo.

___ El ciego decidió guardar el vino en la mano mientras comía.

___ Lazarillo engañó al ciego comiendo las uvas.

___ El ciego se enteró de que había cada vez menos vino.

___ El ciego decidió colocar el jarro entre las piernas cuando comía.

___ Lazarillo y su amo salieron de Salamanca.

___ Lazarillo, para vengarse del ciego, le guió mal por las calles.

___ El ciego descubrió lo que Lazarillo le había hecho al jarro.

___ Le regalaron uvas al ciego.

___ Lazarillo hizo un agujero en el jarro.

___ Lazarillo usó una paja para tomar el vino.

C. ¿Qué opinas?

¿Quién crees que es más astuto, Lazarillo o el ciego? Explica tu punto de vista.

Capítulo 5

Mi venganza

En Escalona pasé malos ratos con el ciego. Yo le robaba alimentos para poder vivir, y el mal ciego me descalabraba° y arpaba° la cara. No contento con esto el ciego contaba a la gente mis hazañas en tal forma que, aunque yo estaba muy maltratado y llorando, no podía resistir reírme.

Debido a los malos tratos del ciego, decidí dejarlo. Llovió un día y una noche. Por eso el ciego y yo andábamos por unos portales° rezando y pidiendo limosna. Al anochecer dijo el ciego:

—Lázaro, llueve mucho. Regresemos a la posada.

Para llegar a la posada debíamos cruzar un arroyo° que, con la lluvia, estaba muy grande. Yo le dije:

—Tío, el arroyo está muy ancho. Quiero buscar un lugar que esté estrecho para no mojarnos.

Dijo el ciego:

—Eres discreto, por eso te quiero bien. Busca ese lugar angosto porque ahora es invierno y es malo llevar los pies mojados.

Vi en esto la oportunidad para mi desquite. Lo llevé entonces derecho a un poste de piedra que había en la plaza. Le dije entonces:

—Tío, éste es el paso más angosto que hay en el arroyo.

Como llovía mucho y nos mojábamos, teníamos mucha prisa. Esta vez Dios le cegó al ciego el entendimiento. Creyó lo que le dije y me dijo:

—Ponme bien derecho y salta tú en el arroyo.

Yo le puse bien derecho enfrente del pilar de piedra y di un salto y me puse detrás del pilar como quien espera tope° de toro, y le dije:

—¡Da un gran salto para que caigas en esta orilla del agua!

---

descalabraba broke my head
arpaba scratched

portales arcades
arroyo stream

tope charge

Apenas lo había dicho, cuando se abalanzó el pobre ciego como cabrón,° con toda su fuerza, dando con su cabeza en el poste. Sonó tan recio el golpe como si diera con una gran calabaza.° Cayó luego para atrás el ciego con la cabeza hendida y medio muerto. Le dejé al cuidado de mucha gente que vino a socorrerlo. Salí corriendo de Escalona y llegué a Torrijos. No supe más del ciego, ni traté de averiguarlo.

Comprensión

A. Contesta las siguientes preguntas.

   1. ¿Qué le hacía el ciego a Lazarillo?
   2. ¿Por qué decidió dejarlo Lazarillo?
   3. ¿Qué pasó cuando cruzaron el arroyo?

B. Indica si las siguientes oraciones son ciertas (C) o falsas (F). Corrige la información falsa y cita las palabras o frases del capítulo que apoyan la información.

   1. Lazarillo se llevó bien con su amo en Escalona.
   2. Lazarillo decidió buscar otro amo.
   3. Lazarillo y el ciego estaban en Escalona en pleno verano cuando hacía buen tiempo.
   4. Lazarillo y su amo buscaban una posada.
   5. Lazarillo huyó de Escalona.
   6. Lazarillo ayudó al ciego a cruzar el río.
   7. Para llegar a la posada tuvieron que cruzar un pequeño río.
   8. Ninguno de los dos tuvieron dificultad en cruzar el río.

C. ¿Qué opinas?

   1. Si tú fueras Lazarillo, ¿habrías hecho lo que le hizo al ciego al cruzar el arroyo? Explica.
   2. ¿Te parece triste o más bien cómico este capítulo? ¿Por qué?

---

cabrón billy goat   **calabaza** pumpkin

TRATADO SEGUNDO

Lázaro sirve a un clérigo

Capítulo 6

El episodio de los ratones

De Torrijos[1] fui a un lugar que se llama Maqueda.[2] Allí un clérigo° que pedía limosna me preguntó si sabía ayudar a misa.° Dije que sí, porque el ciego me había enseñado esto además de muchas otras cosas. Me recibió el clérigo como sirviente suyo. Salí del trueno y di con el relámpago.[3] El ciego era en comparación con el clérigo un Alejandro Magno,[4] aunque los dos eran igualmente avaros.

El clérigo tenía una arca° vieja que cerraba con llave. Ponía en ella el pan que le daban en la iglesia y la cerraba con prisa. No había en su casa otra cosa que comer que una horca de cebollas° también cerrada con llave. Mi ración era una cebolla cada cuatro días. Yo me moría de hambre. El clérigo comía bien pero me daba muy pocas sobras.° Los sábados él cocía una

---

clérigo priest
ayudar a misa to serve as an altar boy

arca chest
horca de cebollas bunch of onions

sobras leftovers

[1] Torrijos is a town near Toledo.

[2] Maqueda is a town northwest of Toledo.

[3] *Salí del trueno y di con el relámpago:* a proverb that means "to jump from the frying pan into the fire."

[4] *Alejandro Magno:* Alexander the Great (356–323 B.C.) was King of Macedonia and one of the greatest military leaders of all time. He was known in medieval Spain and Europe for his bravery and generosity.

cabeza de carnero°⁵ y comía los ojos, la lengua, el cogote,° los sesos° y la carne de la quijada.° A mí me daba los huesos roídos° diciendo:

—Toma, come, triunfa, que para ti es el mundo. Tienes mejor vida que el papa.°

Después de tres semanas que estuve con él, me puse tan flaco que mis piernas ya no me sostenían por el hambre. Yo moría. Pensé dejar al mezquino° clérigo, pero no podía. Mis piernas me fallaban° y temía encontrar peor amo. Pero Dios quiso que un día, mientras el clérigo estaba fuera de la casa, llegara un calderero.° Me preguntó si necesitaba llaves. Alumbrado por el Espíritu Santo° le dije:

—Tío, he perdido la llave de esta arca y temo que mi señor me azote.

Probó el angélico calderero un gran sartal° de llaves y encontró una que abrió el arca. Como pago, tomó el mejor pan y se fue muy contento. Comí pan a mi gusto, pero vi al tercer día que el clérigo contaba y recontaba los panes. Entonces hice un agujero en el fondo del arca como si fuera de ratones. Comencé a desmigajar° el pan y comí las migas como un ratón. El clérigo creyó que eran ratones cuando miró el hueco en el arca. Tapó el agujero con tablas y clavos, y yo nuevamente hice un agujero, y él lo tapó, y otro, y otro, hasta que el arca estaba llena de agujeros y tablas y clavos. Puso entonces en el arca una ratonera.° Entonces yo comí pan con queso y pasé un tiempo muy contento. My vida era muy buena en ese tiempo.

⸻◆⸺

carnero mutton	**el papa** the Pope	**Espíritu Santo** Holy
cogote nape of the neck	**mezquino** stingy	Ghost
sesos brains	**fallaban** failed	**sartal** string
quijada jaw	**calderero** coppersmith	**desmigajar** to crumble
roídos gnawed		**ratonera** mousetrap

⁵ *cabeza de carnero*: From the Middle Ages on, Spaniards abstained from eating meat on Saturdays, except in Castille, where the head, giblets, and feet of animals were eaten.

Comprensión

A. Contesta las siguientes preguntas.

1. ¿Para qué contrató el clérigo a Lazarillo?
2. ¿Cómo compara Lazarillo a sus amos?
3. ¿Qué contenía el arca y cómo la cerraba el clérigo?
4. ¿Qué le daba a comer a Lazarillo?
5. Qué comía el clérigo los sábados?
6. ¿Cuál fue el efecto del hambre en Lazarillo?
7. ¿Qué hizo el calderero?
8. ¿Qué hizo el clérigo cuando vio el hueco en el arca?
9. ¿Qué hizo después Lazarillo?
10. ¿Cómo se sentía Lazarillo?

B. ¿Qué opinas?

1. ¿Qué te parece la táctica de Lazarillo?
2. Si tú fueras el calderero, ¿le habrías abierto el arca a Lazarillo? ¿Por qué?

Capítulo 7

El episodio de la culebra

Mi buena vida, mi lector, no duró mucho. El clérigo preguntaba a los vecinos:

—¿Qué podrá ser? Come queso, come pan, entra en el arca cuando quiere y no cae en la ratonera.

Un vecino le contestó:

—Yo me acuerdo° que había en su casa una culebra.° Como es larga, entra en la trampa, toma el cebo° y sale aunque le coja° la trampa.

Mi amo creyó esto y se alteró mucho. De ahí en adelante no podía dormir. Lo excitaba° cualquier ruido en la madera de la casa durante la noche. Se ponía de pie y con un garrote° que tenía, daba golpes a la pecadora arca pensando que espantaba a la culebra. Con el estruendo° despertaba a los vecinos, y a mí no me dejaba dormir. Venía a las pajas° donde yo dormía y las trastornaba buscando a la culebra. En la mañana me decía:

—Mozo, ¿no sentiste nada anoche? Las culebras son muy frías, buscan calor.

Yo le contestaba:

—Ruegue a Dios que no me muerda porque mucho miedo tengo de culebras.

La verdad es que yo tuve mucho miedo a las diligencias del clérigo y me pareció que debía esconder la llave que guardaba debajo de las pajas, en otro lugar. Me pareció que el lugar más seguro era mi boca. Ésta era como una bolsa porque desde que viví con el ciego podía poner en ella hasta doce maravedís sin que me estorbaran° al comer. Así lo hice desde entonces. Dormía sin recelo° hasta que una noche cambió mi fortuna. Seguramente dormía con la boca abierta, y la llave, que era de cañuto,° se tornó en mi boca. Debía haber estado en tal posición, que el aire que

---

me acuerdo I remember	**excitaba** upset	**estorbaran** disturbing
culebra snake	**garrote** heavy club	**recelo** fear
cebo bait	**estruendo** clamor	**cañuto** reed
le coja catches it	**pajas** straw bedding	

yo exhalaba producía un silbato° en el hueco de la llave. El recio° silbato fue oído por el sobresaltado clérigo quien creyó que era el silbo° de la culebra.

Se levantó muy presto el clérigo con su garrote en la mano y se llegó a mí en la oscuridad, muy quieto. Levantó el garrote cuando creyó que tenía la culebra debajo de sí y me descargó en la cabeza tan recio golpe que me descalabró y me dejó sin sentido.°

Cuando sintió que me había dado un fiero golpe,° trató de despertarme llamándome. Me tocó con sus manos y sintió mucha sangre. Con gran prisa fue a buscar luz. Cuando me vio, yo tenía aún la llave en mi boca. Me la quitó y fue a probarla en el arca. Dijo el cruel cazador:°

—He encontrado al ratón y a la culebra que me daban guerra.°

Quince días tardé en curarme. Muchos se rieron de mis penas. Finalmente me dijo el clérigo:

—Lázaro, de hoy en adelante eres tuyo y no mío.

Así me despidió el cruel sacerdote.

———————◆◆◆———————

Comprensión

A. Contesta las siguientes preguntas.

1. ¿Qué preguntó el clérigo a los vecinos?
2. ¿Qué le contestó uno?
3. ¿De qué tenía miedo el clérigo?
4. ¿Cómo era la "cama" de Lazarillo?
5. ¿Por qué buscan calor las culebras?
6. ¿Dónde decidió Lazarillo esconder la llave?
7. ¿Cómo descubrió la llave el clérigo?
8. ¿Qué le hizo el clérigo a Lazarillo?

---

silbato whistle	**sin sentido** unconscious	**que . . . guerra** who were
recio loud	**fiero golpe** fierce blow	waging war on me
silbo hissing	**cazador** hunter	

B. Indica si las siguientes oraciones son ciertas (C) o falsas (F). Corrige la información falsa y cita las palabras o frases del capítulo que apoyan la información.

  1. Lazarillo siguió teniendo buena suerte con el clérigo.
  2. El clérigo sorpendió a Lazarillo con la llave.
  3. El clérigo tenía una culebra en su casa.
  4. El clérigo golpeó a Lazarillo.
  5. Al clérigo no le importaba mucho el problema del arca.
  6. Lazarillo dormía en una cama elegante.
  7. Lazarillo se marchó de la casa del clérigo.
  8. Lazarillo perdió la llave del arca.
  9. Lazarillo guardaba la llave debajo de su cama.
  10. Por fin el clérigo obtuvo la llave del arca.

C. ¿Qué opinas?

  1. ¿Qué te parece la táctica que tenía Lazarillo de guardar cosas en la boca? ¿Crees que sea posible hacerlo realmente?
  2. ¿Crees que Lazarillo hizo bien en abandonar la casa del clérigo? ¿Por qué?
  3. ¿Qué te parece este capítulo? Compara tus opiniones con las de tus compañeros.

Antes de leer: *¿Cómo defines un personaje universal? ¿Es Lazarillo un personaje universal? ¿Por qué?*

TRATADO TERCERO

Lázaro sirve a un escudero

Capítulo 8

Lázaro pasa más hambres en Toledo

Con la ayuda de las buenas gentes llegué a esta insigne° ciudad de Toledo, donde en quince días se me cerró la herida causada por el cazador de culebras. Pedí entonces limosna y busqué a un nuevo amo a quien servir. Andando por la calle vi a un escudero[1] bien vestido, bien peinado, su paso y compás[2] en orden. Me miró y yo le miré, entonces dijo:

—Muchacho, ¿buscas amo?

Yo le dije: —Sí, señor.

—Pues ven conmigo —me respondió—. Dios te ha premiado en encontrarme.

Caminamos todo el día, pasando por plazas donde se vendía pan y otras provisiones y no compramos nada. Fue él a la iglesia mayor y oyó misa° muy devotamente. A la una fuimos a su casa, la cual era lóbrega° y desproveída.°[3] El escudero colgó su capa muy limpiamente. Se acomodó y me pidió detalles de mi persona. Todo le conté. Me moría de hambre y esperaba en este momento comer algo. El escudero debía tener todo previsto. Estando así me dijo:

—Tú, mozo, ¿has comido ya?

---

insigne illustrious
oyó misa attended mass
lóbrega gloomy, mournful
desproveída ill provided

[1] *escudero:* "squire," the lowest rank among the nobility
[2] *paso y compás:* a nobleman's dignified walk
[3] These descriptive words set the tone of the chapter.

—No, señor —dije yo—, no he comido bocado.

—Yo he almorzado muy temprano —dijo—. Generalmente como en la noche. Pasa como puedas y entonces cenaremos.

Cuando oí esto casi me morí, no de hambre sino de entender que en todo la fortuna me ha sido adversa. Lloré mi mala suerte y mi muerte venidera.° Pensé que el clérigo, aunque avaro y cruel, era mejor. Entonces me senté en el portal y saqué de mi seno° tres pedazos de pan que allí guardaba y comencé a comerlos.

—Ven aquí, mozo —me dijo—. ¿Qué comes?

Tomó entonces el pedazo más grande que yo tenía y se lo comió con tan fieros bocados como yo el otro. Me di cuenta de su hambre y rápidamente comí el restante y terminamos al mismo tiempo.

Pasamos la noche hablando. Dormí al pie de la sucia cama del escudero calentando sus pies. Dijo finalmente mi nuevo amo:

—Lázaro, tú vivirás más sano porque no hay tal cosa en el mundo para vivir mucho que comer poco.

Cuando el escudero salió de la casa en la mañana, miré al cielo y dije:

—¡Oh Señor, cuántos de éstos tienes derramados° en este mundo! ¡Ellos padecen por su negra honra lo que no sufren por su Dios!

➤◆◆➤

Comprensión

A. Contesta las siguientes preguntas.

1. ¿Cómo es el escudero?
2. ¿Cómo era la casa del escudero?
3. ¿Qué le preguntó el escudero a Lazarillo?
4. ¿Qué sacó Lazarillo?
5. ¿Comió el pan el escudero? ¿Cómo lo hizo?
6. ¿De qué se dio cuenta Lazarillo?

---

muerte venidera
  approaching death

seno chest, bosom
derramados scattered

7. ¿Cómo pasaron la noche Lazarillo y su nuevo amo?

8. ¿Qué dijo el escudero con respecto a vivir mucho? ¿Estás de acuerdo?

B. ¿Qué opinas?

1. ¿Crees que Lazarillo estaba mejor con el clérigo o con su nuevo amo, el escudero? ¿Por qué?

2. ¿Cuáles son las ventajas y desventajas de cada uno de estos amos?

3. "¡Ellos padecen por su negra honra lo que no sufren por su Dios!" ¿Qué crees que significa esta exclamación de Lazarillo? Comparte tus ideas con tus compañeros de clase.

El pobre escudero no quitaba sus ojos del alimento.

Capítulo 9

El escudero requiebra° a dos rebozadas° damas

En la misma mañana, mientras estaba yo mirando y pensando, vi pasar por la calle a mi amo quien iba hacia el río. Tomé mi jarra° y fui al río donde vi a mi amo en una huerta requebrando a dos damas embozadas.° Muchas damas de éstas tienen la costumbre de ir en las mañanas de verano a refrescarse y a almorzar, sin llevar almuerzo por aquellas frescas riberas.° Tienen confianza que los hidalgos° del lugar las invitarán porque así es la costumbre allí.

Mi amo estaba entre ellas, hecho un Macías,[1] diciéndoles más dulzuras que Ovidio[2] escribió. Cuando sintieron tanta ternura en él, no les dio vergüenza pedirle el acostumbrado almuerzo.

El escudero, sintiéndose tan frío de bolsa° como tan caliente del estómago,° sufrió grandes escalofríos que le robaron el color° y el gesto. Comenzó a turbarse° en la conversación y dio excusas ridículas. Ellas, siendo damas de experiencia, se dieron cuenta de su enfermedad y lo dejaron solo.

Yo, sin ser visto, regresé a nuestra casa. Eran las dos y el escudero no regresaba. Moría yo de hambre. Entonces comencé a hacer lo que aprendí del gran maestro, el ciego. Con baja y enferma voz, e inclinadas mis manos en los senos, comencé a pedir pan por las puertas y casas más grandes. Antes que el reloj diera las cuatro, yo tenía libras de pan ensiladas° en el cuerpo y otras dos escondidas en mi ropa. Pasé por una tripería° y una mujer me dio una uña de vaca° y unas pocas tripas cocidas. Llegué a mi casa y encontré a mi amo paseándose por el patio. Le mostré el pan y las tripas, y con buen semblante° dijo:

---

requiebra woos	**frío de bolsa** penniless	**ensiladas** stored away
rebozadas veiled	**caliente del estómago**	**tripería** meat market
jarra water jug	hungry	where tripe is sold
embozadas veiled	**le robaron el color** made	**uña de vaca** hoof of a cow
riberas river banks	him pale	**semblante** face
hidalgos noblemen	**turbarse** become confused	

[1] *Macías:* fourteenth-century Galician troubadour and model of faithful lovers; he earned the title of *el Enamorado.*

[2] *Ovidio:* Ovid (43–17 B.C.), Latin poet who wrote *The Art of Love*

—Te esperé para comer, pero como no viniste, comí. Haces muy bien en pedir qué comer en la calle. Es mejor que robar. Una cosa te pido: no se lo digas a nadie por lo que toca a mi honra.[3]

—De eso pierda cuidado —dije.

—Come pues ahora —me dijo—, pronto nos veremos sin necesidad. Esta casa me ha traído mala suerte. El próximo mes nos mudamos a otra casa.

Me senté y comencé a comer mis tripas y el pan. El pobre escudero no quitaba sus ojos del alimento. Sentí tanta lástima por él porque yo sabía lo que era tener hambre. Me dijo entonces:

—Lázaro, tú tienes tanta gracia en comer, que me has dado gana.°

—Este pan está sabrosísimo —dije yo—, esta uña de vaca está tan bien cocida y sazonada° que convida su sabor.°

—Te digo que es el mejor bocado del mundo, aun mejor que el faisán° —dijo el escudero.

Puse en sus uñas° la uña de vaca y cuatro raciones de pan. Él se sentó a mi lado y comió con mucha gana, royendo° limpio cada huesillo. Así pasamos ocho o diez días. El escudero salía en las mañanas y Lázaro pedía limosna todo el día para que ambos, amo y sirviente, pudieran mitigar° las entrañas° que roían con diente voraz.°

———— ◈ ————

Comprensión

A. Contesta las siguientes preguntas.

1. ¿Con quién hablaba el escudero en la huerta?
2. ¿Qué le pidieron las damas al escudero?
3. ¿Cómo reaccionó el escudero?
4. ¿Qué hicieron las damas al verlo así?

---

me has dado gana you have given me the desire
sazonada seasoned

convida su sabor its flavor is inviting
faisán pheasant
uñas nails (*hands*)
royendo gnawing

mitigar appease
entrañas entrails (*hunger pangs*)
diente voraz ravenous tooth (*ravenously*)

[3] *... mi honra:* "my honor." The exaggerated pride of the nobility is satirized here. Lazarillo symbolizes the opposite.

    5. ¿Cómo consiguió comida Lazarillo?

    6. ¿Compartió la comida con su amo? ¿Por qué?

    7. ¿Qué comieron los dos?

    8. ¿Cómo resolvió Lazarillo el dilema de la comida a partir de entonces?

B. Pon en orden cronológico (1–5) los siguientes acontecimientos del capítulo.

    ___ Lazarillo siguió a su amo al río.

    ___ El amo trataba de enamorar a dos mujeres.

    ___ Lazarillo invitó a su amo a compartir su comida.

    ___ El amo fue al río.

    ___ Al amo le entró mucha hambre al ver el almuerzo de Lazarillo.

C. ¿Qué opinas?

    1. ¿Qué características muestra Lazarillo en este capítulo? ¿Te parece más maduro? ¿Por qué?

    2. ¿Crees que hay algo peor que tener mucha hambre? ¿Qué?

    3. ¿Hay gente que pasa mucha hambre en tu comunidad? ¿Qué se hace para aliviar su hambre? ¿Qué se puede hacer para aliviar el hambre por el mundo? Comenta tus ideas con tus compañeros de clase.

Capítulo 10

La vanidad del escudero

A pesar de su pobreza, me gustaba más servir al escudero que a los otros amos que tuve. Le tenía yo lástima por todo lo que le vi sufrir. Sólo me descontentaba una cosa. Él tenía mucha presunción.° Hubiera querido yo que bajara° un poco su fantasía con lo mucho que subía su necesidad.

Pues, estando las cosas así debido a la mala cosecha° ese año en Toledo, acordaron en el Ayuntamiento° y anunciaron con pregón° que todos los pobres extranjeros° debían salir de la ciudad o serían azotados. Yo sentí un gran espanto. Mi amo y yo quedamos entonces en abstinencia por tres días. No comimos bocado ni hablamos palabra. Algo comí yo después, pero mi amo pasó ocho días sin alimento. Yo sentía más lástima por él que por mí. Él salía todos los días y regresaba pretendiendo, por su honra, haber comido. Así se limpiaba los dientes con un palillo,° como quien ha terminado un banquete. El pobre parecía un perro galgo° con su estirado° cuerpo y su flaqueza.

Un buen día cambió nuestra mala suerte. Entró en poder de mi amo un real.[1] Dijo entonces:

—Toma, Lázaro. Dios está abriendo su mano. Ve a la plaza y compra pan, vino y carne. ¡Quebraremos el ojo al diablo![2] Además, he alquilado otra casa. Saldremos de ésta al cumplir el mes. Ve y ven presto, y comamos hoy como condes.

Así lo hicimos por varios días. Supe también que mi amo era de Castilla la Vieja. Había venido a Toledo por no quitarse el bonete° ante un vecino que era reacio a° quitarse el suyo para contestarle el saludo, aunque el vecino era más rico.

—Señor —dije yo—, si él tenía más dinero que tú, ¿era error que te quitaras el sombrero primero?

---

presunción vanity	**pregón** town crier	**estirado** long
bajara would lower	**extranjeros** foreigners	**bonete** red cap
cosecha harvest	**palillo** toothpick	**reacio a** reluctant to
Ayuntamiento city hall	**perro galgo** greyhound	

[1] The *real* was worth 34 *maravedís*.

[2] *¡Quebraremos el ojo al diablo!*: "We will break the devil's envious eye!" This expression was used traditionally to celebrate the beginning of a new activity or a new stage in one's life.

—Eres muy joven —me respondió—, y no sabes las cosas de la honra. Si topo° en la calle con un conde y no se quita bien quitado el bonete, la próxima vez que venga, fingiré° un negocio y entraré a una casa para no quitármelo. Un hidalgo no debe nada a nadie sino a Dios y al rey. Una vez en mi patria un oficial me saludó diciendo: "Mantenga Dios a vuestra merced".[3] Le dije entonces: "Tú, villano ruin, ¿por qué no eres bien educado?° 'Manténgaos Dios', me dirás en adelante." Así lo hizo desde ese momento, quitándose el bonete.

—¿Y no es bien educado saludar a otro —dije yo— con decirle que le mantenga Dios?

—Sólo los hombres de poca arte saludan así —dijo el escudero—. A los más altos como yo han de decir: "Beso las manos de vuestra merced" o "Bésoos, señor, las manos".°

—Lázaro —dijo mi amo—, en mi tierra soy muy rico, tengo casas que valen más de doscientos mil maravedís, un palomar derribado° y otras cosas que me callo. Vine a Toledo pensando que encontraría buen asiento,° pero los señores de esta tierra son muy limitados. Pagan a largos plazos, o comido por servido.°

Mientras hablábamos, entró por la puerta un hombre y una vieja. El hombre pidió el alquiler de la casa y la vieja pidió el alquiler de la cama. Fueron doce o trece reales. Mi amo les dijo que iba a la plaza para cambiar dinero y que ellos volvieran en la tarde. Mas su salida fue sin vuelta. Los mozos suelen dejar a los amos; pero en mi caso fue el amo quien me dejó y huyó de mí.

<hr/>

topo meet	**Bésoos . . . las manos** I	**buen asiento** good estab-
fingiré I will pretend	kiss your hands, sir	lishment
bien educado well	**palomar derribado** fallen-	**comido por servido** service
mannered	down rookery	for room and board

[3] *Mantenga Dios a vuestra merced*: This was a common way of greeting among the lower classes, but offensive to a wellborn person. The wellborn used *Beso las manos de vuestra merced*.

Comprensión

A. Contesta las siguientes preguntas.

1. ¿Por qué le gustaba a Lazarillo servir al escudero?
2. ¿Qué decidieron en el Ayuntamiento?
3. ¿Cómo cambió la suerte del escudero?
4. ¿Qué mandó hacer el escudero con el real?
5. ¿De dónde era el escudero? ¿Qué tenía allí?
6. ¿Por qué vino a Toledo?
7. Según el escudero, ¿cómo debe saludarse la gente educada?
8. ¿Quiénes entraron mientras Lazarillo y el escudero hablaban?
9. ¿Qué hizo el escudero?

B. ¿Qué opinas?

1. ¿Es vanidoso o orgulloso el escudero? ¿Conoces a alguien como él?
2. ¿Qué piensas de las personas vanidosas o demasiado orgullosas? ¿Crees que la vanidad y el orgullo son defectos? ¿Cuáles son peores defectos?
3. Si tú fueras el escudero, ¿soportarías tanta hambre sólo por apariencias? ¿Pedirías limosna aunque esto significara que la gente sabría que eres pobre?

TRATADO CUARTO

Lázaro sirve a un fraile de la Merced

Capítulo 11

Lázaro encuentra a su nuevo amo

Busqué a mi cuarto amo y encontré al fraile de la Merced,[1] gracias a unas mujeres vecinas. Ellas lo llamaban su pariente.° Este fraile era gran amigo del coro de las monjas y de comer en el convento. Era amiguísimo de negocios seglares.° Le gustaba mucho salir y le encantaba hacer visitas. Él acababa° más zapatos que todo el convento de monjas junto. Este fraile me dio mi primer par de zapatos, los que no me duraron ni ocho días porque trotando[2] con él se acabaron muy pronto. Debido a° esto y por otras cosas que no digo, dejé a este amo.

Comprensión

A. Contesta las siguientes preguntas.

    1. ¿Cómo encontró Lazarillo al fraile?
    2. ¿Qué le interesaba al fraile?
    3. ¿Por qué crees que Lazarillo no dice más del fraile?

---

pariente relative
seglares worldly

acababa wore out

Debido a Because of

[1] *la Merced:* a religious order known at this time for its worldly ambitions. Its members were chiefly engaged in ransoming Christian captives held by the Moors.

[2] While *trotando* can mean *andando mucho o de prisa*, it also implies that Lázaro's new master was involved in adventures of an erotic nature.

B. Indica si las siguientes oraciones son ciertas (C) o falsas (F). Corrige la información falsa y cita las palabras o frases del capítulo que apoyan la información.

    1. El nuevo amo de Lazarillo es clérigo.

    2. Lazarillo está muy contento con su nuevo amo y le es muy fiel.

    3. El nuevo amo es una persona muy noble.

    4. Parece que el autor admira la iglesia española de la época.

C. ¿Qué opinas?

    1. ¿Cómo debe ser un fraile?

    2. ¿Por qué crees que Lazarillo dejó al fraile? Discute las posibilidades con tus compañeros de clase.

Antes de leer: *A veces las cosas no son como parecen. Piensa en cómo reaccionas cuando por fin descubres la verdad. ¿Qué haces?*

TRATADO QUINTO

Lázaro sirve a un bulero

Capítulo 12

El desvergonzado vendedor de indulgencias

Mi quinto amo fue un vendedor de indulgencias.° Era desenvuelto° y sinvergüenza.° Fue, sin duda, el bulero[1] más provechoso° que jamás yo vi y veré. Él se buscaba modos y maneras de engañar con muy ingeniosas invenciones.

Al entrar en un lugar donde iba a administrar las indulgencias, hacía primero pequeños regalos a los clérigos. Estos regalos eran una lechuga murciana,[2] un par de limas o naranjas, un melocotón,° un par de duraznos° o peras verdiñales.[3] Así conseguía la gratitud de los clérigos quienes llamaban a la congregación a tomar las indulgencias.

Se informaba luego de la erudición de estos clérigos. Si ellos hablaban latín, el bulero no hablaba palabra para no dar tropezón.° En cambio les hablaba en gentil y bien cortado° español. Si se enteraba que los clérigos eran ricos, reverendos, o sea que tenían más dinero que educación, el bulero se hacía un Santo Tomás[4] entre ellos, y hablaba dos horas en latín.

---

indulgencias pardon of sins	**sinvergüenza** shameless	**duraznos** peaches
desenvuelto unrestrained	**provechoso** profitable	**dar tropezón** to stumble
	melocotón peach	**bien cortado** well-spoken

[1] *bulero:* during the Holy Cursade, a "pardoner" who sold indulgences granting full remission of sins. The money went to finance campaigns against the Moors in North Africa. In 1524, Charles V issued a decree forbidding the forcible selling of indulgences.

[2] *murciana:* from the region of Murcia, famous for its vegetables

[3] *peras verdiñales:* a pear that remained green even after ripening

[4] *Santo Tomás:* Saint Thomas the Apostle, traditionally known for his preaching

Cuando no le tomaban las indulgencias por las buenas les hacía tomarlas por las malas.[5] Para el efecto, hacía molestias al pueblo muchas veces con mañosos artificios.° Si yo contara todos los trucos° que le vi hacer, sería muy largo. Mi favorito truco, empero, es el de la Sagra de Toledo,[6] que se relatará adelante.

Comprensión

A. Contesta las siguientes preguntas.

1. ¿Cómo era el vendedor de indulgencias?
2. ¿Cuándo hablaba a los clérigos en latín? ¿Por qué?
3. ¿Cuándo les hablaba español?
4. ¿Por qué no describe Lazarillo más trucos?
5. ¿Cuál es el truco favorito de Lazarillo?
6. ¿Qué era un bulero?

B. Indica si las siguientes oraciones son ciertas (C) o falsas (F). Corrige la información falsa y cita las palabras o frases del capítulo que apoyan la información.

1. El nuevo amo de Lazarillo es un señor honrado.
2. El nuevo amo es un astuto hombre de negocios.
3. El amo se asociaba con clérigos para promulgar su negocio.
4. El amo era más inteligente que los clérigos.

C. ¿Qué opinas?

¿Qué opinas del nuevo amo de Lazarillo? ¿Cómo lo comparas con los otros amos?

---

mañosos artificios clever tricks   **trucos** tricks

[5] *por las buenas o por las malas:* "willy nilly," whether you want it or not
[6] *la Sagra de Toledo:* a county near Toledo, not far from Madrid

Capítulo 13

El engaño de la Sagra de Toledo

Una noche después de cenar, mi amo, el clérigo bulero y el alguacil[1] del lugar jugaron° y apostaron.° Riñeron° y se insultaron después. Mi amo tomó una lanza y el alguacil sacó su espada. Mi amo lo llamó ladrón y el alguacil lo acusó de farsante.° Debido al gran ruido, acudió mucha gente para separarlos. Los dos, muy enojados, trataron de matarse. Finalmente, sin poder ponerlos en paz,° los separaron, llevando al alguacil a otra parte.

A la mañana siguiente mi amo mandó tañer° las campanas de la iglesia durante la misa y el sermón para conferir las indulgencias. El pueblo se juntó murmurando que las bulas eran falsas porque el alguacil lo había descubierto al reñir con mi amo. Subió mi amo al púlpito y cuando estaba en lo mejor del sermón, entró en la iglesia el alguacil. Con voz alta y muy pausada dijo:

—Buena gente, permítanme decir una palabra y luego escuchen a quien quieran. Yo vine aquí con este estafador° que les predica.° Habíamos acordado partir las ganancias de la venta de indulgencias si yo lo ayudaba. Él me engañó. Ahora, al ver el daño que yo hacía a mi conciencia y al dinero de ustedes, me he arrepentido.° Confieso que sus bulas son falsas y que no deben creerle. Desde este momento dejo de ser alguacil y doy con mi vara en el suelo.[2] Si apresan° a este falso clérigo, sean ustedes testigos que no tengo relaciones con él —y acabó su discurso.

Los feligreses quisieron echar al alguacil fuera de la iglesia para evitar escándalo, pero mi amo les mandó que no lo hicieran, sobre pena de excomunión.°

---

jugaron gambled
apostaron bet
Riñeron They squabbled
farsante charlatan

ponerlos en paz make peace between them
tañer toll
estafador swindler
les predica preaches to you

arrepentido repented
apresan imprison
excomunión banishment from church

[1] *alguacil:* Pardoners had with them a constable (*alguacil*) to collect valuable objects, such as gold rings and necklaces, from families who could not pay cash for their pardon. These personal possessions were returned when money was presented as payment.

[2] *doy con mi vara en el suelo:* "I throw my staff on the ground," meaning, "I resign as constable."

Mi amo entonces se hincó° y puso los ojos en el cielo diciendo:

—Dios mío, tú sabes la verdad y sabes que soy injustamente acusado. Te pido, Señor, que hagas un milagro. Si yo soy falso, mándame con este púlpito al infierno. Si el alguacil es falso, te pido, Señor, que sea castigado porque quiere privar° a los presentes de la bula.

Al terminar mi devoto señor su oración, el alguacil cayó al suelo dando un gran golpe que resonó por toda la iglesia. Comenzó a bramar° y a echar espuma° por la boca. Hizo gestos con la cara y movimientos con todo el cuerpo. Se revolvió en el suelo de una parte a otra. El estruendo y las voces de la gente fueron muy grandes. Los feligreses ataron al alguacil y fueron donde mi amo y le pidieron que socorriera° al pobre alguacil que moría.

Mi señor bajó los ojos del cielo como quien despierta de un dulce sueño y dijo muy pausadamente:

—Dios manda que no volvamos mal por mal y manda que perdonemos las injurias. ¡Oremos!°

Puso la bula en la cabeza³ del alguacil y éste comenzó poco a poco a tornar en sí.° Luego, recuperado, se echó a los pies del clérigo y le pidió perdón. Todos los presentes tomaron la bula con gran prisa entonces.

Yo creí que todo esto era verdad y me espanté, pero después vi que mi amo y el alguacil se reían mucho, comentando su burla.° La noticia se divulgó° por todas partes. Así mi amo dio más de mil bulas ganando mucho dinero.

Cuatro meses pasé con mi quinto amo, en los cuales padecí muchas penas.

⟜•◆•⟼

---

se hincó knelt down	**socorriera** to help	**burla** trick
privar to deny	**Oremos** Let us pray	**se divulgó** spread
bramar to bellow	**tornar en sí** come to his	
espuma foam	senses	

³ *en la cabeza:* Papal indulgences were often placed on the head (God's temple) as a sign of respect for the sacredness of these pardons.

Comprensión

A. Contesta las siguientes preguntas.

1. ¿Por qué se riñeron el bulero y el alguacil?
2. ¿De qué murmuraba la gente? ¿Por qué?
3. ¿Qué confesó el alguacil en la iglesia?
4. ¿Cómo respondió el bulero?
5. ¿Qué le pasó al alguacil? ¿Y al bulero?
6. ¿Quién ató al alguacil?
7. ¿Querían los feligreses que el bulero ayudara al alguacil? ¿Por qué?
8. ¿Le ayudó el bulero al alguacil? ¿Cómo?
9. ¿A quién le pidió perdón el alguacil?
10. ¿Cómo se enteró de la verdad Lazarillo?

B. ¿Qué opinas?

1. ¿Qué opinas del comportamiento del amo de Lazarillo y del alguacil?
2. Si fueras Lazarillo, ¿cómo reaccionarías al descubrir el truco del bulero y el alguacil? ¿Cómo se compara tu reacción con las de tus compañeros de clase?

Antes de leer: *Lazarillo ha tenido muchos amos y una gran experiencia. Prepara su currículum vitae (résume) y describe todos sus trabajos. ¿Cuál de ellos te parece el mejor? ¿el peor? ¿Por qué?*

TRATADO SEXTO

Lázaro sirve a un capellán

Capítulo 14

Lazarillo prospera

Después de servir al clérigo bulero, serví a un pintor de tambores.° Yo preparaba las pinturas para él. Sufrí con este amo mil males.

En esta época yo ya era adolescente y un día, cuando entraba en la iglesia mayor, un capellán° me contrató como sirviente suyo. Me dio un buen asno,° cuatro cántaros y un azote,° y comencé entonces a vender agua por la ciudad.[1] Éste fue el primer escalón° que yo subí para alcanzar la buena vida. Entonces yo ya no padecía de hambre. Ganaba para mi amo treinta mararvedís diarios, y los sábados ganaba para mí treinta también.

Me fue tan bien en el oficio que al cabo de cuatro años de ahorrar, pude vestirme muy honradamente de ropa vieja. Compré un jubón° de fustán° viejo, una blusa de mangas, una capa frisada° y una espada de las más viejas de Cuéllar.[2] Ya que me vi hombre de bien, le dije a mi amo que tomara su asno porque yo ya no quería seguir en aquel oficio. Dejé entonces al capellán.

---

tambores drums	**azote** whip	**fustán** fustian (*a cotton and*
capellán chaplain	**escalón** step	*linen fabric*)
asno donkey	**jubón** jacket	**frisada** with raised nap

[1] *vender agua por la ciudad:* Since there was no running water in the cities at this time, *aguadores*, or water peddlers, sold water from house to house.

[2] *Cuéllar:* a town in the region of Segovia and one of the oldest sword-making centers in Spain. Lazarillo is imitating one of his former masters, the squire.

Comprensión

A. Contesta las siguientes preguntas.

1. ¿Cuándo contrató el capellán a Lazarillo?
2. ¿Qué le dio a Lazarillo?
3. ¿Cómo estaba entonces Lazarillo?
4. ¿Cuánto ganaba?
5. ¿Cómo se vestía?
6. ¿Por qué tenía Lazarillo una espada?
7. ¿Qué hizo Lazarillo luego? ¿Por qué?

B. Indica si las siguientes oraciones son ciertas (C) o falsas (F). Corrige la información falsa y cita las palabras o frases del capítulo que apoyan la información.

1. El nuevo amo de Lazarillo era artista.
2. Lazarillo estuvo muy contento con él.
3. Lazarillo tenía ocho años cuando sirvió a este amo.
4. Lazarillo describe a dos amos en este capítulo.
5. Lazarillo trabajó de vendedor para el capellán.
6. Bajo el cuidado del capellán, Lazarillo sufrió mucho.

C. ¿Qué opinas?

1. ¿Por qué crees que la suerte de Lazarillo cambió tan abruptamente con el capellán?
2. ¿Crees que Lazarillo merece la suerte que le tocó en este capítulo? Explica.

Antes de leer: *Lazarillo ha servido a un sinfín de amos y ha sufrido mucho. En este último tratado parece que, por fin, va a triunfar. ¿Qué cualidades necesita un ser humano para seguir adelante? ¿Las tiene Lazarillo? ¿Las tienes tú?*

TRATADO SÉPTIMO

Lazarillo sirve a un alguacil

Capítulo 15

Lázaro obtiene un oficio real

Al dejar al capellán comencé a servir de ayudante a un alguacil. Viví poco con él porque era un oficio peligroso. Una noche nos persiguieron unos fugitivos a mi amo y a mí con piedras y palos. Yo huí y supongo que trataron mal a mi amo. Con esto terminé mi contrato con el alguacil.

Dios me ayudó entonces, y con la ayuda de amigos y señores conseguí un oficio real,° el cual lo tengo hoy, al servicio de Dios y de usted, mi lector. Mi oficio es pregonar° los vinos que se venden en esta ciudad en los remates,° y las cosas perdidas. También acompaño a los presos y declaro en voz alta sus delitos.° Soy pregonero,[1] hablando en buen romance.

Me ha ido tan bien que casi todas las cosas que tienen que ver con lo dicho, pasan por mi mano. Así, el que quiere vender vino u otra cosa sabe que no sacará provecho si Lázaro de Tormes no anuncia.

En ese tiempo, viendo mi habilidad en pregonar sus vinos, el arcipreste° de San Salvador, mi señor y amigo suyo, mi lector, procuró casarme° con

---

real royal
pregonar to make public proclamations
remates auctions

delitos crimes
arcipreste archpriest (*priest of high rank*)

procuró casarme tried to marry me

[1] *pregonero:* town crier, one of the lowest city officials

Dios me ayudó entonces, y con la ayuda de amigos y señores
conseguí un oficio real ...

una sirvienta suya. Viendo que de tal persona sólo podían venir favores y buenas cosas,[2] decidí hacerlo.

——◆——

Comprensión

A. Contesta las siguientes preguntas.

1. ¿Qué es un oficio real?
2. ¿Qué hace un pregonero?
3. ¿Qué hace Lazarillo con los presos?
4. ¿Qué quiere decir ". . . hablando en buen romance"?
5. ¿Cómo se caracteriza Lazarillo profesionalmente?
6. ¿Quién notó la habilidad de Lazarillo?
7. ¿Por qué decidió Lazarillo casarse?

B. Pon en orden cronológico (1–5) los siguientes acontecimientos del capítulo.

___ Lazarillo estuvo poco tiempo con el alguacil.
___ Lazarillo decidió contraer matrimonio.
___ Lazarillo empezó a servir a un nuevo amo.
___ Lazarillo consiguió un nuevo trabajo como pregonero.
___ El arcipreste de San Salvador ayudó a Lazarillo.

C. ¿Qué opinas?

En tu opinión, ¿a qué se debe el éxito tan esperado de Lazarillo? Comparte tus ideas con tus compañeros de clase.

---

[2] *venir favores y buenas cosas:* Notice Lazarillo's concept of honor. He has no idea of love, but only of material gain and self-advancement. This is consistent with his role as the novel's antihero.

Capítulo 16

El matrimonio de Lazarillo

Me casé con la sirvienta del arcipreste y no me arrepiento.° Ella además de ser buena mujer, es diligente, servicial y sobre todo tengo la ayuda de mi señor arcipreste. Siempre le da a mi mujer una carga de trigo, carne en los días feriados y de vez en cuando ropa vieja. Nos hizo alquilar una casita cerca de la suya y los domingos y días de fiesta casi siempre comemos en su casa.

Las malas lenguas dicen que ven a mi mujer ir a hacerle la cama y prepararle la comida al arcipreste. Esto es verdad. Él me habló un día así delante de ella:

—Lázaro, tu mujer entra y sale de mi casa muy a tu honra.° No mires lo que la gente te puede decir sino tu provecho.

—Señor —le dije—, yo quise arrimarme° a los buenos° y ya supe, por medio de mis amigos, que anteriormente mi mujer era su mujer.° Le hablo con respeto a su reverencia porque ella está presente.

Entonces ella se maldijo,° lloró y luego maldijo a quien la había casado conmigo. Me arrepentí de lo que dije. Mas mi amo por un lado y yo por otro conseguimos calmarla, prometiéndole con juramento, que nunca más mencionaría yo lo dicho, y que en adelante ella podría entrar y salir, de día o noche, de la casa del arcipreste porque yo estaba seguro de su fidelidad.

Hasta hoy día, cuando alguno de mis amigos quiere decir algo de ella, le digo:

—Mira, eres mi amigo. No me digas cosas que me pesen porque no tengo por amigo a quien me da pesar. Y es peor si se dice algo de mi mujer a quien amo más en este mundo. Yo juro por la hostia consagrada° que es la mujer más buena que vive en Toledo. Yo le mataré a quien diga otra cosa. —De esta manera no me dicen nada y tengo paz en mi casa.

---

no me arrepiento I am not sorry	**buenos** powerful ones	**hostia consagrada** consecrated bread for communion
tu honra faithful to you	**mujer** mistress	
arrimarme approach	**se maldijo** cursed herself	

Esto ocurrió el mismo año en que nuestro victorioso emperador entró en Toledo e hizo Cortes.* Se hicieron también grandes fiestas, como usted, mi lector, habrá oído. En ese tiempo estaba yo en mi prosperidad y en la cumbre de toda buena fortuna.

Comprensión

A. Contesta las siguientes preguntas.

1. ¿De qué no se arrepiente Lazarillo? ¿Por qué?
2. ¿Qué alquilaron Lazarillo y su mujer? ¿Por qué?
3. ¿Qué dicen las malas lenguas? ¿Es verdad?
4. ¿Qué le dice el arcipreste a Lazarillo?
5. ¿Cómo le contesta Lazarillo?
6. ¿Cómo responde la mujer de Lazarillo?
7. ¿Qué le prometen Lázaro y el arcipreste a la mujer?
8. ¿Qué amenaza hacer Lazarillo cuando hablan mal de su mujer?
9. ¿Cuándo ocurrió el episodio del arcipreste?
10. ¿Cómo se encontraba entonces Lazarillo?

B. ¿Qué opinas?

1. ¿Te gustó esta novela? ¿Por qué?
2. ¿Cuál de los amos de Lazarillo te pareció el más desagradable? ¿el más agradable? ¿Por qué?
3. ¿Conoces a alguien que se parece un poco a Lazarillo en cuanto a la personalidad? ¿Tú eres como él?
4. *Lazarillo de Tormes* es una novela picaresca. ¿Cómo sería un personaje picaresco en la época y cultura en las que vivimos? Describe a la persona.

---

* *entró en Toledo e hizo Cortes:* This apparently refers to the *Cortes* of 1525 held in Toledo. This Parliament was convened shortly after the battle of Pavia, which was a great victory for Charles V.

Vocabulario

The Spanish-English *Vocabulario* presented here represents the vocabulary as it is used in the context of this book.

Nouns are given in their singular form followed by their definite article only if they do not end in **-o** or **-a.** Adjectives are presented in their masculine singular form followed by **-a.** Verbs are given in their infinitive form followed by the reflexive pronoun **-se** if it is required; by the stem change **(ie)**, **(ue)**, **(i)**, **(u)**; or by the orthographic change **(c)**, **(gu)**, **(qu).** Another common pattern among certain verbs is the irregular **yo** form; these verbs are indicated as follows: **(g)**, **(j)**, **(y)**, **(zc).** Finally, verbs that are irregular in several tenses are designated as **(IR).**

A

a to, in, on, for, with, at, from, by

abajo down, downstairs

abalanzarse (c) to charge, to rush (upon)

abrigo shelter, support, protection

abrir to open

abstinencia abstinence, want

abundante abundant, plentiful

acabar to finish

    acabar de to finish; to have just (*done something*)

    acabarse to finish; to be over

acemilero stable boy; muleteer

aceña flour mill run by water power

acerca de about

acoger(se) (j) to seek shelter, betake oneself; to receive

acometer to attack

acomodar(se) to get comfortable

acordar (ue) to agree, resolve

    acordarse (de) to recall, remember; to agree

acostumbrado, -a customary

acostumbrar to be accustomed, be in the habit of

acudir to gather, come together

acuerdo recollection

adelante forward, hence, ahead, farther on

    de aquí (en) adelante, de allí (en) adelante henceforth, thence

desde (allí) en adelante thence forth, from this point on

además moreover

    además de besides

adestrar (ie) to guide, lead

administrar to confer

adolescente, el *or* **la** teenager

adonde where

¿adónde? where?

adversidad, la adversity, misfortune

adverso, -a adverse, unfavorable

afilado, -a sharp, pointed

agradar to please

agudo, -a acute, sharp; subtle

águila eagle, "wizard"

agujero hole

ahorrar to save, save up

    ahorrar de to be rid of, put an end to

aire, el air

alabanza praise

alcanzar (c) to reach; to obtain

aldea village, hamlet

alegría joy, glee

algo something, anything; somewhat

    en algo in any way

algodón, el cotton

alguacil, el constable, bailiff

alguien someone, anyone

algún, alguno, -a some, any, at all; somebody

    alguno que whoever

alimento food
almorzar (ue) (c) to have lunch; to have breakfast
alquilar to rent
　alquilarse to be rented out
alquiler, el rent
alrededor around
　los alrededores surroundings
alterado, -a disturbed
alterar to anger, enrage, upset
　alterarse to become angry
alto, -a high, upper; loud; noble
　lo alto de la casa the top floor
　lo más alto the highest part
alumbrar to light, illuminate; to inspire
allá there
　por allá fuera outside
allí there
amar to love
ambos both
amiguísimo, -a de most friendly to, very fond of
amo master
　el señor mi amo my worthy master
ancho, -a wide
andar (IR) to walk, go, travel, go about; to continue; to be
　anda con Dios God go with you
　andar fuera to gad about
angélico, -a angel-like
angosto, -a narrow
anoche last night
ante before
antes before; rather, on the contrary
　antes de, antes que before
antiguo, -a former; old
año year
　en el año within the year
apenas scarcely, hardly
apostar (ue) to bet, gamble
apresar to imprison; to catch
aquel, aquella that, those
aquél, aquélla; aquéllos, aquéllas

that one; those; the former
aquello that
aquí here
　aquí abajo here below
　aquí arriba up there
arañar to scratch
arca, el (*fem.*) chest, box
arcipreste, el archpriest
argolla ring
arma, el (*fem.*) weapon
armada armada, military expedition
arpar to tear, rend; to scratch, claw
arremeter(se) to throw (oneself) forward
arrimar to approach, draw near
arroyo stream
arte, la art; breeding; craftiness, trick
artificio skill; trick
asalto assault, attack
así thus, so also
　así como as much . . . as; both . . . and
　así . . . que both . . . and
　así que and so
asiento establishment, location
asno ass, donkey
astucia astuteness, cleverness
astuto, -a astute, clever
atrás back
　atrás de behind
　para atrás backwards
aun even
aún yet, still
aunque although, even if
avariento, -a avaricious, miserly
avaro miserly
averiguar to find out
ayudar to aid, help
　ayudarse con to make use of
ayuntamiento town council; city hall
azotar to whip, lash, flog
azote, el lash, whip

B

bajo, -a low, base; *adv.*, under
bastón, el cane
besar to kiss
    besar las manos to be one's humble servant
beso kiss
bien well, good; very; indeed, surely; willingly
bien, el benefit, good; solace
    bienes property; goods
blanca old coin made of silver and copper
bocado mouthful; morsel, bite
bolsa, la purse
bonete, el cap
bramar to bellow, roar
buen(o), -a good, fine
bula papal bull, indulgence
bulero seller of indulgences
burla jest, joke
    caer en la burla to become aware of the trick
    hacer burlas to play tricks
buscar (qu) to look for, seek; to go and get
    buscar prestado to borrow

C

caballero gentleman, knight, squire
    caballeros de media talla lesser nobles
cabeza head
cabrón, el billy goat
cada each
    cada cual each one
caer (IR) to fall; to be caught
    caer con to come upon
    caer en gracia to please
    caer en la burla to become aware of the trick
    caer en la cuenta to see the point
calabaza pumpkin, gourd

calabazada blow to the head
calderero coppersmith
calentar (ie) to warm up, heat, keep warm
caliente warm, hot
callar to keep quiet
calle, la street
    calle abajo down the street
    calle arriba up the street
cambio change, exchange
    en cambio on the other hand
camino road, journey, way
candado padlock
cántaro pitcher, jug
cañuto, el cane, reed, tube
capellán, el chaplain
carga load
cargo charge, job
    con cargo de serving as
    hacerse cargo to bear in mind
    ser en cargo to be indebted
    tener a cargo to be in charge of
carne, la meat, flesh
carnero mutton
carrera career
    la carrera de vivir the ways of life
casar(se) to marry, get married
caso case, matter, situation, instance
    en caso de in the matter of
    puesto caso since
casta breed
castigar (gu) to chastise, punish
castigo punishment
causa cause, reason
    a causa de because of
causar to cause
cazador, el hunter
cazar (c) to chase, drive out; to hunt; to catch
cebada barley
cebo bait
cebolla onion
cegar (ie) (gu) to blind

cenar to dine, have supper
centenar, el hundred
centeno rye
cera wax
cerca (de) near, about
cerrar (ie) to close, lock
chupar to suck
ciego, -a blind
  el ciego, la ciega blind man,
    blind woman
cielo sky, heaven
clavar to nail up, to board up
clavo nail
clérigo cleric, priest
cliente, el client
cobardía cowardice, cowardly act
cobrar to charge; to collect; to
  cover
cocer (ue) to bake; to boil; to cook
coger (j) to seize, take, gather in,
  catch, grab; to pluck
cogote, el nape of the neck
colchón, el mattress
colgar (ue) (gu) to hang
comer to eat; to have dinner
  comerse to eat up
  dar de comer to feed
  de comer something to eat
  el comer eating
  no hay qué comer there is
    nothing to eat
comida food, meal
como as, like, since; when; as long
  as, provided
¿cómo? how? what? how! well!
comparación, la comparison
compartir to share
compás, el bearing, carriage
componer (IR) to repair, mend
comprender to understand
con with, by
  con que then, so
conciencia conscience
  reformar la conciencia to quiet
    one's conscience

conde, el count
confesar (ie) to confess, admit
conferir (ie) (i) to grant; to bestow,
  confer
confiar to trust
conocer (zc) to know, recognize; to
  realize
consagrado, -a consecrated
consejo counsel, advice
consigo with himself, toward
  himself
contado, -a measured
contar (ue) to tell, relate; to count,
  reckon, calculate
contentar to please
  contentarse to be satisfied
contestar to reply, answer
convento convent
convidar to invite, treat
corazón, el heart; courage
coro choir, chorus
  de coro by memory
correr to run, chase
  a todo correr at top speed
cortar to cut
corte, la court
  las Cortes Spanish Parliament
cosa thing, matter, affair
  otra cosa anything else
cosecha harvest
  de su cosecha of his own
    invention
coser to sew
costal, el sack, bag
costar (ue) to cost
  costar caro to pay dearly
  costar mucho to require a great
    deal of effort
costumbre, la custom, habit,
  manner, mannerism
  como de costumbre as usual
costura seam
crecer (zc) to grow, increase
creer (y) to believe, think
  creer en to trust

criada servant
criado, -a raised, bred, mannered
   el criado, la criada servant
criar to raise, bring up; to breed; to foster, create, stimulate
cruzar (c) to cross
cual which; like, as
   cada cual each one
   tal cual such as
cual (el, la, lo) which, who(m)
   por lo cual wherefore
cualquier(a) whichever, whatever, any
   un cualquier a nobody
cuando when
   de cuando en cuando from time to time
cuanto all, all that; as much (as), so long
   cuanto más...más the more ... the more
   en cuanto as soon as, while
   en cuanto a as for
cuerdo, -a prudent, wise, clever
cuidado care, worry
   tener cuidado to take care
culebra snake
culpado culprit
cumbre, la top, height, summit
cumplir to fulfill; to grant; to complete, end
   cumplir con to comply with
   cumplir el deseo to satisfy the desire
cura, el priest; (*fem.*) cure, remedy
curar to cure, treat; to take care of, care

D

daño harm, injury
dar (IR) to give, hand over; to cause; to hit, strike
   dar al diablo to curse
   dar con to come upon
   dar de comer to feed
   dar en to strike; get into; to hit upon
   dar lugar to give room
   dar mucho que hacer to keep busy
   dar un tropezón to slip up
debajo (de) under(neath)
deber ought, should, must; to owe
   deber de can, must
deber, el duty
debido a because of
decir (IR) to say, tell, mention
   decir que sí to say yes
   dije para mí I said to myself
   por mejor decir to put it better
   querer decir to mean
dejar to let, leave, abandon
   dejar caer to drop, let out
   dejar de to fail, omit, refrain
deleitar to delight, please
delincuente, el culprit
delito crime
demanda demand, request; accusation
   negar la demanda to deny the claim (*legal term*)
demás rest
   por demás superfluous
   por lo demás for the rest
dentro (de) within, in, inside
derecho, -a right, direct, straight; genuine
derramar to spill, pour; to scatter
derretir (i) to melt
derribado, -a razed, dilapidated
derribar to throw down
desamparar to abandon, leave unsheltered; to let go of
desaparecer (zc) to disappear
desastrado, -a ill-fated
descalabrar to break one's head, beat soundly, bruise
descargar (gu) to let go, discharge
descontentar to displease
descoser to unstitch, rip open

descubrir to discover, reveal, disclose

descuidarse to be careless, be negligent; to be off one's guard; to be at one's ease

desde from

    desde que since; as soon as

desdicha misfortune, ill luck

desdichado, -a unfortunate, luckless

desenvuelto, -a unrestrained, bold

deseo desire

    a mi deseo as I desired

    cumplir con el deseo to satisfy the desire

desmayado, -a unconscious

    caer desmayado to faint

    el desmayado unconscious man

desmayo swoon, fainting spell

desmigajar to crumble

despachar to dispatch; to finish

despedir (i) to say good-bye; to dispense; to sell

despensa pantry

despertar (ie) to awaken, wake up

después after, afterward, later; since

desvergonzado, -a shameless, impudent

detalle, el detail

deuda debt

devolver (ue) to return, give back

devoto, -a devout

diablo devil

dicha fortune, luck

dicho, -a aforesaid, said, mentioned

    en dicha y hecho in word and deed

    el dicho remark

diente, el tooth

diligencia diligence, care; industry

diligente diligent; active

Dios God

discípulo disciple, pupil

divulgar(se) (gu) to divulge, spread

dolor, el pain

donde where

¿dónde? where?

dormido, -a asleep

    hacer el dormido to pretend to be asleep

dormir (ue) (u) to sleep

dueño master, owner

dulce sweet

dulzuras "sweet nothings"

durante during

durar to last; to hold out

durazno peach

duro, -a hard, hard-hearted

E

echado lying down, resting

echar to throw, cast

embozado, -a veiled, cloaked

emperador, el emperor

empero nevertheless; but

encarcelado, -a in jail, jailed

encerrar (ie) to enclose, hold, contain

encima (de) on top (of), over, on

encomendar (ie) to commend, entrust, charge; to urge

encontrar (ue) to find, meet

    encontrar con to meet

enfermar to cause to be ill

enfermo, -a sick, feeble

engañar to deceive, defraud

engaño deceit, fraud

enseñar to teach, instruct

ensilado, -a stored away

entender (ie) to understand

    dar a entender to show, reveal, make clear

    entender en to deal with

entendimiento understanding

enterarse (de) to find out

enternecido, -a softened

entonces then

entrada entrance

entrar (en) to enter

entre between, amid, among
    entre mí to myself
episodio episode
erudición, la learning
escalofrío shiver, chill
escalón, el step
escapar to escape
esconder to hide
escritor, el writer
escudero squire
esfuerzo effort
espada sword
espantar to frighten, scare
    espantarse to be astonished
espanto fright
    poner espanto to frighten
esperanza hope
esperar to hope; to expect; to wait
    (for), await
espuma foam
estación, la season
estado state, condition
estirado, -a stretched out; erect;
    long
esto this
    a todo esto hereupon; during all
      this
    con esto thereupon
    con todo esto whereupon;
      nevertheless
    en esto thereupon
    por esto for this reason
    sin esto besides
    y esto and this (should be borne
      in mind)
estómago stomach
estorbar to disturb, interfere with
estrecho, -a narrow
estruendo clamor, noise
evitar to avoid
excitar to upset
excomunión, la excommunication
experiencia experience; experiment,
    trial

extraer (IR) to take out, remove
extranjero foreigner

F
fácilmente easily, deftly
faisán, el pheasant
falsedad, la falsehood, forgery
falso, -a false, treacherous
fantasía fancy, imagination, conceit
fardel, el bag, knapsack
farsante, el charlatan, sham
fatiga hardship
favor, el favor, advantage, support
feligrés, el parishioner
fidelidad, la faithfulness
fiel faithful
fiero, -a fierce, violent
finalmente finally, in short
fingir (j) to feign, pretend, claim
flaco, -a weak, feeble
flaqueza thinness; weakness,
    feebleness
flaquísimo, -a very weak, very
    feeble
fraile, el friar
frazada blanket
fresco, -a cool
frío, -a cold
    el frío cold
    en frío chilled
    tener frío to be cold
frisar to frizzle
fruto fruit; profit
fuego fire
fuente, la fountain
fuentecilla small fountain
fuera outside
    fuera de out of
    por allá fuera outside
fuerza force, strength, might, vigor
    por fuerza under compulsion
fustán, el fustian (*a cotton and linen*
    fabric)

G

galgo greyhound
ganar to gain; to earn
   ganar por la mano to be the first;
     to anticipate
   ganarse to earn
garrotazo blow with a club, whack
garrote, el a heavy club
gastar to spend; to waste; to
   consume
gente, la people
   gente de servicio servants
gentil genteel, graceful
gesto expression; face,
   grimace
gloria glory; heaven
golpe, el blow
gozar (c) to enjoy
gracia grace, charm; favor; joke
   caer en gracia to please
   dar gracias to give thanks
gran(de) big, large, great; loud
guardar to keep; to guard; to
   observe
   guardarse de to guard against
guerra war
   dar guerra a to wage war on
guiar to guide
guisar to cook
   guisar comida to cook meals
gusano worm
gustar to enjoy
gusto taste; diversion, pleasure

H

habilidad, la ability, skill
hábito habit, robe; guise
hacia toward, in the direction of
hacienda estate, property,
   household, belonging
   contar su hacienda to give an
     account of one's affairs
hambre, el (*fem.*) hunger
hambriento, -a hungry, starved
hasta until, up to, even

hasta hoy día until this very day
hasta que until
hazaña deed, act; prank
hecho deed
hecho *p. p. of* hacer
   hecho a accustomed to
   mal hecho awkward
herida wound
herir (ie) (i) to wound, injure
hermanito little brother
hidalgo nobleman
hijo son
hilandera spinner
hombre, el man
   gentilhombre aristocratic-looking
     man
   hombre de bien respectable
     person, gentleman
   hombre de justicia bailiff
hombro shoulder
hondo, -a deep
honra honor; exaggerated pride
hora hour; time; point (*in time*)
horca string (*of onions*)
hoy today
   de hoy en adelante henceforth
   de hoy más from today on
   hasta hoy to this day
   hasta hoy día until this very day
   hoy día nowadays
hueco hole; *adj.*, hollow
huérfano orphan
huerta orchard
hueso bone
huir (y) to flee, run away
humilde humble, modest

I

igual, el equal, peer
indulgencia indulgence, pardon
informarse (de) to find out (about)
ingenio mind, talent, wit, cleverness
ingenioso, -a clever
injuria offense, injustice
injustamente unjustly

injusticia injustice
inocencia innocence
insigne illustrious
instante, el instant, moment
invención, la invention
ir (IR) to go; to run
    ir a la mano to stop
    irse to go away, escape
    irse con Dios to say good-bye
ira wrath

J

jamás ever, never
jarro jug, clay cup
jerigonza jargon; thieves' slang
jubón, el jacket
juego game; turn, prank
    hacer juego to play a game
    hacer juego con to play a trick on
jugar (ue) (gu) to play; to gamble
juramento oath
    echar juramentos sobre sí to
      swear
jurar to swear
justicia justice; police
    hombre de justicia bailiff
    por justicia legal

L

lacerado, -a wretched
    el lacerado wretch
    lacerado de mí wretched me
ladrón, el thief, robber
lanza lance
lanzar (c) to throw, hurl; to expel
largo, -a long
lástima pity
    dar lástima to inspire pity
    haber (tener) lástima (de) to
      take pity (on)
latín, el Latin
leal loyal, faithful
lechuga head of lettuce
lector, el reader
lengua tongue

libra pound
licor, el liquor, liquid
lienzo linen
ligeramente lightly, deftly
lima lime
limosna alms, charity
    de limosna for alms
    pedir limosna to beg
llanto wailing, tears
llave, la key
    cerrada con llave locked
    tras llave under lock and key
llegar(se) (gu) to arrive; to come; to
    bring near, put near; to approach;
    to reach
llevar(se) to take, take along; to
    bear, suffer; to lead; to get; to
    remove, carry away; to raise
    llevar razón to be right
llorar to lament, bewail, weep, cry
llover (ue) to rain
lluvia rain
lóbrego, -a lugubrious, dismal,
    gloomy
lodo mud
longaniza sausage
luego later
    luego que as soon as
    luego otro día the very next day
lugar, el place; village, town
    dar lugar to give occasion,
      provide opportunity
    en lugar de in place of
    tener lugar to take place
lumbre, la fire, light
luz, la light

M

madera wood
maestro master, teacher
mal, el evil; harm, sin; ailment;
    trouble
    por mal unwillingly
    echar a mal to condemn, discard
maldecir (IR) to curse

malicia malice, maliciousness
mal(o), -a bad(ly), wicked; ugly; ill
   estar mal to be ill
   de mal en peor from bad to
     worse
   por mal unwillingly
mandar to send; to command, order
manga sleeve
manta blanket
maña skill; trick, artifice
   darse buena maña to make good
     use of one's wits
mañana tomorrow; morning
   de mañana in the morning, early
mañoso, -a clever
maravedí, el old Spanish coin
maravilla marvel
   a las mil maravillas marvelously
     well
marido husband
mas but
más more, most
   cuanto más the more
   lo más the most
   nunca más no more
mayor greater, greatest; principal
   al por mayor wholesale, in bulk
   el mayor chief, superior
medicina medicine, cure
medio means
mejor better, best
   en lo mejor in the best part
mejorar to improve
melocotón, el peach
merced, la mercy, grace, favor;
   worship
   hacer merced to be merciful
merecer (zc) to deserve, merit
mesón, el inn, tavern
mezquino, -a stingy; mean
mientras (que) while
migaja crumb
migas crumbs
milagro miracle
mirar to look, look at, consider

misa mass *(religious ceremony)*
miseria misery
mísero, -a wretched, miserable
mitad, la half
   en la mitad by half
modo manner, way
mojarse to get wet
moler (ue) to grind
molestia trouble; annoyance
molienda milling, grinding
molinero miller
molino flour mill
morder (ue) to bite
moreno, -a brown; dark, black
morir (ue) (u) to die
   morir por to long for
moro Moor
mozo boy; manservant
   mozo de caballos stable boy
mozuelo young lad
mucho, -a much; greatly, very much
mudarse to move *(to new lodgings)*
muerto, -a dead; *(noun)*, corpse

N

nacer to be born
nativo, -a native
necesario, -a necessary
   lo necesario what is necessary
necesidad, la necessity, need
necio fool, dunce
negar (ie) (gu) to deny
   negar la demanda to deny the
     claim *(legal term)*
negocio business, affair
negro, -a black; unfortunate,
   luckless, ill-fated, wretched
ni nor, not either; or
ningún, ninguno, -a none, not any;
   pron., no one

O

obra work, task, job; composition
obstáculo obstacle
ocurrir to happen, occur

ofender to offend
oficio occupation, trade, pursuit,
    office; service
ofrecer (zc) to offer
oído ear
oír (IR) to hear, listen
oler (IR) to smell
olor, el smell
olvidar(se) to forget
oración, la prayer; sentence
orar to pray
orden, el order; (fem.) religious order
    en orden orderly
ordenar to ordain
orilla bank, shore
oscuridad, la darkness

P
padecer (zc) to suffer
padrastro stepfather
padre, el father
    los padres parents
pagar (gu) to pay
pago payment; reward; salary
paja straw
    pajas straw bedding
palo stick, staff
palomar, el pigeon house, rookery
paño cloth
papa, el Pope
par, el pair, couple; (fem.) par
    a la par at an even pace
    el par de a couple of
para for, in order to, for the purpose
    of; about; to; toward
    para con by comparison with
    para que in order that
parar to stop
    pararse to stop; to place oneself
pariente, el relative
parte, la part, share; party, side;
    place
    a una parte y a otra in all
      directions
    alguna parte somewhere

    por la mayor parte for the most
      part
partir to split evenly
pascuas, las Church holidays
pasearse to pace up and down
patria, la homeland
pausado, -a slow
paz, la peace
    poner en paz to pacify, make
      peace
pecado sin, evil
pecador, -a wretched; (noun), sinner
    pecador de mí poor sinner (that
      I am)
pecho breast, chest
pedazo piece
pedir (i) to ask, request
    pedir limosna to beg
    pedir por Dios to beg
pedrada blow from or with a stone
    a pedradas with a hail of stones
pegar(se) (gu) to stick, cling; to
    give, inflict
peinado, -a combed
peinarse to comb one's hair
pelado, -a skinned, peeled, hairless
pena pain, grief, trouble; penalty
    sobre pena under penalty
    tener pena de to worry about
pensar (ie) to think, believe; to
    intend; to expect
    pensar en to think about
peor worse, worst
    de mal en peor from bad to
      worse
pequeño, -a small, little
pera pear
perder (ie) to lose, get rid of
    perderse por to give one's soul
      for
    perdido por madly fond of
perdidas losses
pero but
persecución persecution, abuse;
    suffering

perseguir (i) to pursue; to persecute
perverso, -a perverse, wicked
pesar to weigh
pesar, el sorrow
pesquisa investigation
pesquisar to investigate
picar (qu) to pick
piedra stone
    piedra imán magnet
pierna leg
pilar, el pillar, column
pintor, el painter
pintura paint
placer (zc) to please
placer, el pleasure
    muy a su placer with great relish
plata silver
plato plate
plazo period (of time), interval
pobreza poverty
poco, -a little (*in quantity*); few
poder (IR) to be able, can
poder, el power, strength, ability, faculty; possession; care
pompa ceremony, pomp
poner (IR) to place, put
por for, for the sake of; by, about; in; through; over
    por lo que because
porque because, for; so that
¿por qué? why?
portal, el doorway, portico; hall, vestibule
    los portales arcade
posada inn, tavern, lodging
precio price, value
predicador, el preacher
predicar (qu) to preach
pregón, el proclamation
pregonar to proclaim, cry out
pregonero town crier
preguntar to ask (a question); to question
preguntarse to wonder
prender to seize, to arrest

preso *p. p. of* **prender;** *noun,* prisoner
presto, -a quick, prompt
presunción, la presumptuousness, vanity
pringada dripping; basting
pringar (gu) to baste; to tar; to wound; to thrash
prisa hurry
    a gran(de) prisa in a great hurry
    llevar prisa to be in a hurry
privar to deny, deprive
probar (ue) to prove, confirm; to try; to test; to taste; to fit
procurar to try, seek, endeavor; to procure
prometer to promise
promulgar to promote
provecho benefit, profit, advantage
provechoso, -a profitable, advantageous
pueblo town, village; people
puente, el bridge
puerta door; gate
    a esta otra puerta try next door
    de puerta en puerta from door to door
puerto harbor, port

Q

quebrar (ie) to break
    quebrar un ojo to put out an eye
quejar(se) to complain
querer (IR) to wish, desire, want; to like; to will
    querer bien to love, like
    querer decir to mean
    querer mal to hate
quien, -es who, one who, those who; whom
¿quién, -es? who?
quijada jaw
quinto, -a fifth
quitar to take off, remove
quizá perhaps

R

rabia rage, wrath
racimo bunch (*of grapes*)
ración, la portion, serving
raído, -a threadbare
raíz, la root
rato moment
   gran rato long while
ratón, el mouse
ratonera mousetrap
reacio, -a stubborn
   reacio a reluctant to
real, el a Spanish coin; (*adj.*), royal
rebozado, -a veiled
recelo fear, distrust
reciamente firmly
recio, -a strong, vigorous, hard; loud
recordar (ue) to recall, remember;
   to bring to (one's senses)
refrán, el refrain; proverb
refrescar (qu) to refresh, get the
   cool air
regalar to present, make a gift of,
   give presents; to treat kindly
regla rule
regladamente moderately
reino kingdom, land
reír(se) (i) (de) to laugh (at)
relámpago lightning
relatar to relate, narrate
remar to row
remate, el auction
remediar to remedy, help, relieve; to
   cure
remedio remedy, relief, help, treat-
   ment; cure; advantage; scheme
   poner remedio to give help
renegar (ie) (gu) to curse; to
   renounce
reposado, -a rested, relaxed
requebrar (ie) to woo; to pay
   compliments
resistir to keep from, resist
restante, el what is left over, rest
retumbar to resound, echo

revés, el reverse; back, wrong side
revolver (ue) to turn again and
   again; to turn over
   revolverse to roll around
rezar (c) to pray
ribera river bank
   ribera de on the bank of
rico, -a rich; substantial
rincón, el corner
risa laughter
robar to rob; to deprive of
roer (IR) to gnaw
rogar (ue) (gu) to beg, beseech; to
   ask (for); to pray
romance, el vernacular (Spanish)
romper to break; to tear; to destroy;
   to wear out
rostro face
roto, -a broken
ruego prayer, request
ruido noise
ruin degrading, vile, wretched;
   desolate
ruinmente wretchedly, abominably

S

sábana sheet
saber (IR) to know, know how; to
   taste; to learn; to find out
   el saber intelligence; knowledge
   saber mal to be harmful
sabor, el savor, relish, taste
sabroso, -a tasty, delicious
sacerdote, el priest
salida departure, exit
salir to leave, go out, come (out); to
   turn out (to be)
salsa sauce, spice
salud, la health
saludar to greet
sanar to cure, to heal
sangrar to bleed
sangre, la blood
sangría bleeding, gash; theft (*thieves'*
   slang)

sano, -a healthy, recovered, well
   medio sano only half recovered
santiguarse to make the sign of the
   cross
sartal, el string (*of keys, etc.*)
saya blouse; coat
sazonado, -a seasoned, spiced
seglar secular, worldly
según according to, in accordance
   with
seguro, -a safe, sure; safely
semana week
   entre semana during the week
semblante, el face, visage
seno bosom, chest
sentarse (ie) to sit down
sentido sense(s), consciousness,
   intelligence
   sacar de sentido to leave
     (someone) unconscious
   sin ningún sentido senseless
   sin sentido unconscious
sentir (ie) (i) to feel, perceive,
   notice; to hear; to see through
señal, la sign, omen
señor, el mister, sir, gentleman, lord
   Señor the Lord
   el señor mi amo my honorable
     master
sepultura tomb, grave
ser (IR) to be, become
   ser de to belong to; to become of
sermón, el sermon
   sermón de pasión Holy Week
     sermon
servicial helpful, obliging
servir (i) to serve
   hacer servir de to use
   servir de to serve as
   servir para to be good for
   servirse de to make use of
seso brain
si if, whether, unless
¡si . . . ! how can you!

siempre always, ever
siguiente following, next
silbar to whistle
silbo hissing
silencio silence
   tener silencio to stop talking
simpleza simpleness; gullibility
sin (que) but
sinfín, el a great many
sirviente, el servant
sobrar to be excessive; to be left
   over
sobras leftovers
sobrenombre, el surname; nickname
sobresaltado, -a startled, frightened
sobresalto surprise, shock
socorrer to help
sonable sonorous
sonar (ue) to sound, make a noise;
   to be heard about
sonido sound
sonreírse (i) to smile
sosegado, -a calm, easy, dignified
sospecha suspicion, doubt
sospechar to suspect
sostener (IR) to support, hold up
subir to go up; to rise; to mount; to
   increase
   subirse to go up, ascend
suelo floor; ground; bottom
   de mal suelo unlucky location
sufrir to suffer, to endure
suplicar (qu) to pray, beg, entreat
suponer (IR) to suppose
susto fright, scare

T

tal such (a); so much; such and such
   ¿Qué tal? How are you?
también also
tampoco either, neither, not either,
   nor
tan so, as
tanto, -a so much, so many

ciento y tantos, -as one hundred odd

en tanto (que) (mean)while

entre tanto in the meantime

otros tantos that many

por lo tanto therefore

tanto como (cuanto) as much as

tanto más especially

un tanto somewhat

tañer to ring, toll

tapar to cover, plug

tardanza tardiness, delay

tardar to delay

    tardar en to be long in

tarde afternoon; *(adj.)* late; *(adv.)* late

    de tarde en tarde every now and then

tela web

temer to fear

temor, el fear

    poner temor to inspire fear

temoroso, -a frightened, scared

tendido, -a lying down, flat

tener (IR) to have, hold, keep

    ¿qué tienes? what is the matter with you?

    tener confianza que to be sure that

    tener en mucho to esteem highly, to respect

    tener en poco to scorn

    tener frío to be cold

    tener gran cuidado to be very careful

    tener por to consider

    tener por qué to have a reason

    tenerse to sustain oneself, stand up

ternura tenderness

tiempo time; opportunity

tierra earth, land, country, region

    allá en mi tierra down home

tío uncle, "grandpa"

tirar to pull; to throw

    tirar coces to kick

título title

tocar (qu) to touch; to affect, concern

    por lo que tocaba a for the sake of

todavía yet, still, even

todo, -a all, every; everything

    de todo en todo once and for all

    del todo entirely

    todo lo que all (that)

    todos cuantos all those who

tomar to take, seize; to reach

tono tone, voice

topar (con) to encounter, come across; to run against

tope, el charge

tornar(se) to return, turn; to become

    tornar en sí to regain consciousness

    tornar a + *infinitive* to do (something) again

toro bull

torrezno slice(s) of bacon

traer (IR) to bring

traidor, el traitor; rascal, villain

trampa trap

trastornar to mix up; to upset

tratar (con) to treat; to deal (with)

trigo wheat

tripa tripe *(stomach tissue)*

tripería meat market where tripe is sold

triunfar to triumph

truco trick, knack

trueno thunder

turbarse to become confused, upset

U

uña fingernail, claw

    uña de vaca cow's hoof

usar to use; to practice; to behave

utensilio utensil
uva grape

V

vaca cow
  uña de vaca cow's hoof
valeroso, -a lofty, noble
vara rod (of authority); badge
vasija vessel, pitcher
vecindad, la neighborhood
vecino, vecina neighbor
vender to sell
venganza revenge, satisfaction
venir (IR) to come
  venir a to come to the point of
  venir al encuentro to come
    toward
  venirse to come on
ventura fortune, chance
  por ventura perchance, by
    chance
ver (IR) to see
verdad, la truth
  es verdad it is true
verdadero, -a true, accurate
verdiñal greenish; tart
vergüenza shame
vez, la time
  a veces at times
  de cuantas veces as often as
  de vez en cuando from time to
    time
  las más veces most often,
    generally
  muchas veces many times, often
  tal vez perhaps
  una vez once
  una y otra vez time and time
    again
vida life, living
  en mi vida ever, never
  por mi vida upon my word
  por vuestra vida by all that is
    dear to you

viejo, -a old
vigilancia vigilance
villa town
villano peasant; villager
virtud, la virtue
visaje, el grimace
viuda widow; (adj.) widowed
vivienda dwelling, house
vivir to live
vivo, -a living, alive
voluntad, la will, desire; mind
  tener en voluntad to desire
volver (ue) to return
  volverse to turn; to become
  volver en sí to regain
    consciousness
  volver en su acuerdo to regain
    one's senses
voz, la voice
  a (grandes) voces (very) loud
  dar (grandes) voces to shout
vuelta turn, return; change
  dar vueltas to turn

Y

ya already, now
  ya que since; as soon as; after
  ya no no longer